Collection
PROFIL LITTÉRATURE
dirigée par Georges Décote

Série
ORAL DE FRANÇAIS

L'autobiographie

Groupement de textes

- Montaigne • Rousseau
- Chateaubriand • Stendhal
- Proust • Colette • Gary
- Sartre • Yourcenar
- Sarraute

ADELINE LESOT
agrégée des lettres

HATIER

SOMMAIRE

Chapitre I PRÉSENTATION DU THÈME 4

Les différentes caractéristiques de l'autobiographie 5

Pourquoi écrit-on son autobiographie? ... 6

Les questions que pose l'autobiographie .. 7

Chapitre II XVIe SIÈCLE – MONTAIGNE DE L'UTILITÉ DE SE PEINDRE 10

1. Montaigne, « Au lecteur », début des *Essais*. 11
2. Montaigne, *Essais*, II, 18 14

UNE QUESTION D'ENSEMBLE : Par quelles images Montaigne désigne-t-il l'écriture autobiographique? 19

Chapitre III XVIIIe SIÈCLE – ROUSSEAU DE LA SINCÉRITÉ 21

3. Rousseau, Préambule aux *Confessions* 22
4. Rousseau, *Les Confessions*, II, 7 (Mémoire et Vérité) 26

DEUX QUESTIONS D'ENSEMBLE :

La prééminence du moi chez Rousseau. ... 29

Rousseau et la sincérité 31

ISSN 0750-2516 ISBN 2-218 05157-5

Chapitre IV XIXe SIÈCLE – CHATEAUBRIAND– STENDHAL
LE MOI ET SON HISTOIRE 33
5. Chateaubriand, *Mémoires d'outre-tombe,* Première partie, III, 1 (La grive de Montboissier) 34
6. Chateaubriand, fin des *Mémoires d'outre-tombe*.................... 38
7. Stendhal, début de *Vie de Henry Brulard* ... 41
DEUX QUESTIONS D'ENSEMBLE :
Que représente l'entreprise autobiographique pour Chateaubriand et Stendhal?.................... 45
Quelles réflexions sur le Temps les trois textes proposés expriment-ils?........... 46

Chapitre V XXe SIÈCLE – QUELQUES THÈMES CLEFS DE L'AUTOBIOGRAPHIE 48
La mémoire.................... 49
8. Marcel Proust, *Du côté de chez Swann* 50
Les lieux 53
9. Colette, *La Maison de Claudine*............ 54
La mère.................... 57
10. Romain Gary, *La Promesse de l'aube*........ 58
Les autres 62
11. Jean-Paul Sartre, *Les Mots* 62
Les origines.................... 66
12. Marguerite Yourcenar, *Archives du Nord* .. 67
L'écriture 71
13. Nathalie Sarraute, *Enfance* 71
DEUX QUESTIONS D'ENSEMBLE :
Quel regard les écrivains portent-ils sur leur enfance?.................... 76
Quelles raisons les écrivains ont-ils d'écrire leur autobiographie? 78

CHAPITRE I

Présentation du thème

Le mot «autobiographie» est composé de trois racines grecques : *graphein,* «écrire»; *bios,* «vie»; et *autos,* «soi-même». Une biographie est le récit d'une vie. Une autobiographie est une biographie écrite par celui qui en est le sujet.

On trouve aujourd'hui en librairie un nombre important de ces «récits de vie» dans lesquels des célébrités (comédiens, sportifs, hommes politiques) racontent leur enfance, leurs débuts, leur carrière.

Ces livres sont en général des succès.

– Ils viennent satisfaire chez le lecteur un besoin d'authenticité (le récit à la 1re personne apparaît comme une preuve) et son goût du secret (le lecteur est admis à pénétrer dans l'intimité de l'auteur).

– De son côté, l'auteur, en racontant sa vie, obéit à la satisfaction d'en faire le bilan et au plaisir de se pencher sur sa personnalité.

Au reste, tout le monde n'a-t-il pas le goût, plus au moins affirmé, de raconter sa vie et, au fur et à mesure que les années passent, de se retourner sur son passé? Les écrivains, dont l'écriture et la vie se confondent, éprouveront davantage encore le besoin de consacrer une œuvre à la peinture de leur moi.

Pourtant, ce mode de récit qui consiste à raconter soi-même sa propre vie est une pratique relativement récente; elle s'est développée en même temps que s'épanouissait la notion de personne, d'individualité, de subjectivité, à la fin du XVIIIe siècle. Aujourd'hui, on peut dire que l'autobiographie est un genre littéraire.

LES DIFFÉRENTES CARACTÉRISTIQUES DE L'AUTOBIOGRAPHIE

L'autobiographie, on l'a vu, est le récit que l'on fait soi-même de sa propre vie. C'est donc un récit à la 1re personne dans lequel celui qui écrit et signe le livre, celui qui raconte, et celui dont on raconte la vie, sont une seule et même personne. Ou, en d'autres termes : un récit où il y a identité entre l'auteur, le narrateur et le personnage principal[1]. Cette identité n'est pas masquée, elle est au contraire avouée au lecteur, et fait l'objet d'une sorte de «pacte[2]» qui distingue l'autobiographie à proprement parler du roman autobiographique.

Ajoutons à cette définition deux autres caractéristiques :

– la narration autobiographique est en général chronologique (mais il y a de nombreuses exceptions);

– une part importante y est réservée à l'introspection.

L'autobiographie est une forme de la littérature personnelle comme le journal intime ou les lettres, mais elle se distingue de ces types d'écriture par son caractère rétrospectif : l'auteur rapporte les événements de sa vie après (et parfois longtemps après) qu'il les a vécus. D'autre part, contrairement à d'autres formes de la littérature intime qui ne sont pas destinées initialement à être publiées, l'autobiographie (sauf exception) vise un public : un proche, un familier, des descendants, ou la postérité.

1. On ne se laissera pas abuser par la différence des noms propres. Stendhal raconte bien sa vie dans *Vie de Henry Brulard;* Colette également dans *La Maison de Claudine.* Ces deux écrivains avaient déjà un pseudonyme d'auteur; ils prennent un pseudonyme de personnage pour le titre de leur œuvre autobiographique. Ceci ne change rien à l'identité dont il s'agit.

2. Philippe Lejeune, *L'Autobiographie en France,* Éd. A. Colin, et *Le Pacte autobiographique,* Éd. du Seuil, 1975.

POURQUOI ÉCRIT-ON SON AUTOBIOGRAPHIE?

Dans le domaine de la création littéraire, la question «pourquoi» paraît inappropriée ou, au mieux, insoluble. S'agissant de l'autobiographie, pourtant, elle se justifie, car la plupart des autobiographes se sont expliqués sur leurs intentions. Le genre intègre sans difficulté ce type de confidences faites dans une déclaration liminaire, un préambule, une digression, etc.

L'autobiographie est un témoignage adressé au public

L'auteur d'une autobiographie étant en général connu du public, parvenu à un certain âge, ayant derrière lui une œuvre importante, le récit de sa vie apparaît comme un bilan dont le but peut être :
– d'éclairer la postérité sur une époque et des événements dont il a été le témoin (Chateaubriand);
– de rectifier des faits, de démentir des propos jugés mensongers, de se justifier aux yeux du lecteur (Rousseau);
– dans l'ensemble des cas, de se perpétuer dans la mémoire des hommes par un portrait que l'on prétend fidèle.

L'autobiographie est un miroir où se regarde l'auteur

L'autobiographie étant un retour sur soi, une contemplation, elle apparaît comme le lieu privilégié d'une méditation où se lisent :
– le plaisir de se souvenir, en particulier par la remémoration plus ou moins nostalgique de l'enfance (Colette, Sarraute);
– l'ambition de vaincre le temps ou d'arrêter provisoirement son cours (Rousseau, Chateaubriand, Yourcenar);
– le désir de mieux se connaître, de trouver le sens de sa vie en en rapportant les étapes, d'en élucider les ombres (Montaigne, Stendhal), d'en analyser les contradictions (Sartre).

LES QUESTIONS QUE POSE L'AUTOBIOGRAPHIE

La sincérité

L'autobiographe est-il tout à fait sincère? C'est la question que se pose le lecteur curieux. Bien que la promesse de dire «toute la vérité» fasse souvent partie du pacte autobiographique, les écrivains peuvent manquer à leur engagement :
– pour des raisons de décence : pudeur, occultation consciente ou inconsciente des scènes ou pratiques sexuelles, censures diverses;
– pour des raisons de discrétion : ne pas nuire à autrui par des révélations troublantes, respecter la mémoire de ses proches, ne pas lasser ou choquer le lecteur.
Dans tous les cas, on fera la différence entre : le mensonge pur et simple; le silence délibéré; l'alibi du défaut de mémoire; l'oubli innocent, etc.
Mais, à l'inverse, on devra remarquer la franchise lucide (Stendhal), les aveux (Rousseau), les audaces, que libère souvent l'écriture autobiographique. Pour expliquer cette sincérité, il convient toutefois de rappeler que la plupart des autobiographies ont été destinées à une publication posthume.

Peut-on être exact?

Le lecteur peut-il se fier à l'authenticité de ce qui est rapporté? Cette question est liée à celle de la sincérité. Mais poser la question de l'exactitude, c'est croire qu'une autobiographie n'est que l'inventaire de ce que l'on sait déjà sur soi-même. Or les écrivains dans leur entreprise autobiographique sont bien plutôt en quête de leur propre identité. D'où un certain nombre d'hésitations, d'incertitudes ou d'erreurs dans leur récit.

Ces inexactitudes peuvent avoir des causes psychologiques : caprices de la mémoire; illusions sur soi-même; confusions et oublis inconscients. Il est vrai qu'elles peuvent aussi résulter d'un choix esthétique : scènes volontairement enjolivées, recomposition *a posteriori* d'une suite d'événements discontinus, détails sacrifiés à l'harmonie de l'ensemble.
C'est pourquoi un biographe, pour retracer avec exactitude la vie d'un écrivain, se fiera rarement à l'œuvre autobiographique que celui-ci a laissée et dont la valeur repose évidemment ailleurs que sur le seul intérêt documentaire.

Le temps des faits, le temps de l'écriture

A la différence du « Journal » dans lequel le temps de l'événement et le temps de la rédaction coïncident presque, l'autobiographie est un récit écrit après coup, qui fait intervenir constamment les mécanismes de la mémoire.
Ceci explique, dans le récit autobiographique :
– la valeur particulière accordée aux phénomènes qui déclenchent le souvenir : sensations (Chateaubriand, Proust), rencontres, lieux retrouvés, etc. ;
– les digressions, les réflexions sur le passé et le présent, les choix de la mémoire, ses caprices (Rousseau).
Dans toute autobiographie, s'exprime la relation entre le moi d'autrefois qui a vécu les faits et le moi d'aujourd'hui qui les rapporte. Cette mise en relation peut s'opérer de différentes façons :
– par la surimpression; l'écrivain éclaire le passé par le présent, rapproche des périodes éloignées, superpose (à dessein ou à son insu) ce qu'il a vécu et ce qu'il est en train de vivre (Chateaubriand);
– par la mise à distance; le décalage entre les deux époques permet un regard ironique (Stendhal), en général de l'homme mûr sur l'enfant qu'il a été; le passé fait l'objet d'une analyse critique (Sartre).

Peut-on intéresser le public par un destin individuel?

Quel que soit le souci de l'écrivain de pénétrer au plus profond de son moi individuel (Stendhal), quel que soit son orgueil à se déclarer unique (Rousseau), toute œuvre autobiographique postule (implicitement au moins) que le lecteur s'identifiera au portrait qui est fait, que le «public» se reconnaîtra dans le «privé». Comme Montaigne, chacun pense à des degrés divers que «chaque homme porte la forme entière de l'humaine condition[1]». L'autobiographie est la preuve que le plus intime de l'être est sans doute ce qu'il y a de plus commun aux hommes. D'où l'universalité des grands thèmes autobiographiques : la famille et les racines, l'enfance, la relation à autrui, la formation et l'expérience, l'amour.

Mais cette universalité ne donne pas à l'autobiographe vocation de moraliste. Tout autobiographe pourrait dire avec Montaigne : «Les autres forment l'homme; je le récite[1]» (les autres instruisent, éduquent l'homme; moi, je le raconte). C'est bien en effet de récit qu'il s'agit et non pas de traité didactique qui viserait à réformer les mœurs. S'il peut y avoir exemplarité dans l'autobiographie, ce n'est que par la valeur du témoignage personnel, de l'expérience vécue.

La lecture des textes que proposent les pages qui suivent montrera la diversité et sans doute les constantes de l'écriture autobiographique. Pour chacun des chapitres, une des principales notions qui constituent le genre autobiographique dominera l'étude.

1. *Essais,* III, 2.
2. *Essais,* III, 2.

2 CHAPITRE II

XVIe siècle : Montaigne (1533-1592)

DE L'UTILITÉ DE SE PEINDRE

Sans doute Montaigne n'a-t-il pas écrit avec les *Essais* une autobiographie au sens strict du terme : il note ses réflexions à mesure que ses lectures ou ses expériences les font naître, mais il ne raconte pas les événements qui ont constitué chronologiquement l'histoire de sa vie. Son entreprise échappe donc aux règles essentielles du genre autobiographique, c'est-à-dire la narration et le caractère rétrospectif du récit. Pourtant, le «pacte» garantissant l'identité de l'auteur et de son sujet («c'est moi que je peins») fait des *Essais* un modèle d'écriture autobiographique.

Les *Essais,* en outre, présentent une des principales ambiguïtés de l'écriture intime : pourquoi parle-t-on de soi et pour qui le fait-on? Dans le cours de son œuvre, Montaigne définit son ambition : parvenir à une meilleure connaissance de lui-même. Laissant son esprit «s'entretenir soi-même en toute liberté», il se propose d'enregistrer, par l'écriture, les états successifs de son moi, dans la diversité de ses humeurs et l'intimité de ses pensées. Cet autoportrait, Montaigne en a résumé le projet en ces termes : «Je me suis présenté moi-même à moi, pour argument et pour sujet» (*Essais,* II, 8). Le lecteur, on le voit, semble tout à fait absent d'une telle relation. En effet, quoique les *Essais* aient connu plusieurs éditions du vivant de Montaigne, chacune enrichie d'additions et de développements, leur auteur a toujours prétendu n'écrire que pour lui, sans souci du public (texte n° 1). Coquetterie sans doute, mais non sans intérêt. Car cette exclusion, au moins apparente, entraîne deux conséquences : pour Montaigne, une plus grande franchise, un plus grand naturel; pour le lecteur, une rapide identification. N'étant pas désigné comme destinataire ni requis comme juge, le lecteur se confond avec l'écrivain, devient un peu lui-même l'auteur des *Essais*. Avec l'œuvre de Montaigne, se trouve ainsi réalisée la double finalité de l'autobiographie : composant son autoportrait, l'auteur forme et construit son propre moi (texte n° 2); le lecteur se découvre à son tour et parvient à une meilleure connaissance de lui-même.

Texte n° 1 : Montaigne, *Essais*

Ce texte figure au début des *Essais*. Il fut écrit après la rédaction des deux premiers livres. Montaigne y définit son projet d'écrivain.

Au lecteur

C'est ici un livre de bonne foi, lecteur. Il t'avertit, dès l'entrée, que je ne m'y suis proposé aucune fin, que domestique et privée. Je n'y ai eu nulle considération de ton service, ni de ma gloire. Mes forces ne sont pas capables d'un tel dessein. Je l'ai voué à la commodité particulière de mes parents et amis : à ce que[1] m'ayant perdu (ce qu'ils ont à faire bientôt) ils y puissent retrouver aucuns[2] traits de mes conditions et humeurs[3], et que par ce moyen ils nourrissent plus entière et plus vive, la connaissance qu'ils ont eue de moi. Si c'eût été pour rechercher la faveur du monde, je me fusse mieux paré et

1. Afin que. – 2. Certains. – 3. Traits de caractère.

me présenterais en une marche étudiée. Je veux qu'on m'y voie en ma façon simple, naturelle et ordinaire, sans contention[4] et artifice : car c'est moi que je peins. Mes défauts s'y liront au vif, et ma forme naïve[5], autant que la révérence[6] publique me l'a permis. Que si j'eusse été entre ces nations qu'on dit vivre encore sous la douce liberté des premières lois de nature, je t'assure que je m'y fusse très volontiers peint tout entier, et tout nu. Ainsi, lecteur, je suis moi-même la matière de mon livre : ce n'est pas raison que tu emploies ton loisir en un sujet si frivole et si vain. Adieu donc : de Montaigne, ce premier de mars mil cinq cent quatre-vingt.

(Montaigne, *Essais,* I, 1580.)

Idée directrice

L'auteur dévoile à son lecteur ses intentions : écrire pour un petit cercle de familiers. Il annonce le sujet de son livre : la peinture du moi.

Structure du texte

– Avertissement au lecteur : Montaigne n'écrit ni pour le public ni pour sa gloire personnelle (l. 1 à 5).
– Son public se limite à ses proches (l. 6 à 11).
– Montaigne ne cherche que le naturel, même s'il est peu flatteur (l. 11 à 21).
– Adieu désinvolte au lecteur (l. 21 à 25).

PISTES DE LECTURE

Avertissement au lecteur (l. 1 à 5)

Les premières lignes sont une mise en garde : le lecteur ne doit pas chercher dans ce livre ce qui n'y est pas. A l'aveu apparemment modeste de ses propres limites

4. Effort. – 5. Naturelle. – 6. Respect.

(emploi de la restriction «ne... que» et des négations : «nulle, ni»), Montaigne oppose son orgueil d'auteur : la franchise («un livre de bonne foi»). Cette déclaration s'accompagne de familiarité (apostrophe au lecteur, tutoiement) et d'une certaine brusquerie («Il t'avertit, dès l'entrée», «nulle considération de ton service»).

Le public des *Essais* (l. 5 à 11)

Montaigne écrit ses *Essais* :
– pour survivre après sa mort dans la mémoire de ses parents et amis (opposition entre «perdu» et «retrouver», l. 7, 8);
– pour se faire mieux connaître d'eux (l. 8 à 11).
Montaigne estime que dans la vie quotidienne, nous présentons aux autres un moi social incomplet et parfois trompeur, alors que l'écriture donne une connaissance «plus entière» et «plus vive» (l. 10) du moi intime.

La peinture du moi (l. 11 à 21)

Montaigne définit son projet par le procédé de l'opposition.

- L'indicatif («Je veux», l. 13; «Mes défauts s'y liront», l. 16) s'oppose aux conditionnels et aux subjonctifs («Si c'eût été..., je me fusse mieux paré et me présenterais...», l. 12).
- Le naturel (l'absence d'«artifice», l. 16, et plus loin, «tout nu», l. 21) s'oppose à l'image de la parure («paré», l. 12).
- La liberté d'allure, que Montaigne privilégie, s'oppose à la «marche étudiée» (l. 13).

La seule restriction que l'auteur apporte à la peinture de son moi intime est le respect de la bienséance («révérence publique», l. 17). Montaigne aurait voulu pousser le naturel jusqu'à l'état de nature (les «premières lois de nature», l. 19-20) qu'il envie ici de façon plaisante à l'homme primitif. A noter la provocation amusante de «tout nu», ajouté en fin de phrase pour en souligner le caractère insolite.

Adieu au lecteur (l. 21 à 25)

Sous forme de conclusion («Ainsi», l. 21; «donc», l. 24), Montaigne réaffirme son projet autobiographique : «je suis moi-même la matière de mon livre», (l. 21-22). Il l'accompagne d'un paradoxe désinvolte : en effet, l'auteur conseille à son lecteur de ne pas le lire. Fausse modestie, coquetterie que soulignent les adjectifs «si frivole» et «si vain» (l. 23, 24).

Texte n° 2 : Montaigne, *Essais*

Montaigne ajouta ce développement à la dernière édition de son œuvre (1588). Il est particulièrement éclairant que cette réflexion sur l'écriture intime complète le chapitre «Du démentir», consacré au rapport de la vérité et du mensonge et à la valeur des mots.

Et quand personne ne me lira, ai-je perdu mon temps de m'être entretenu tant d'heures oisives à pensements[1] si utiles et agréables? Moulant sur moi cette figure[2], il m'a fallu si souvent dresser et composer pour m'extraire[3], que le patron s'en est fermi[4] et aucunement[5] formé soi-même. Me peignant pour autrui, je me suis peint en moi de couleurs plus nettes que n'étaient les miennes premières. Je n'ai pas plus fait mon livre que mon livre m'a fait, livre consubstantiel

1. A des pensées. – 2. Le portrait que Montaigne fait de lui-même dans les *Essais*. – 3. Prendre la pose et mettre de l'ordre dans ma personne afin d'en tirer mon propre portrait. – 4. Affermi. – 5. Quelque peu.

à son auteur, d'une occupation propre, membre de ma vie; non d'une occupation et fin tierce et étrangère comme tous autres livres.

Ai-je perdu mon temps de m'être rendu compte de moi si continuellement, si curieusement[6]*? Car ceux qui se repassent*[7] *par fantaisie*[8] *seulement et par langue*[9] *quelque heure, ne s'examinent pas si primement*[10]*, ni ne se pénètrent, comme celui qui en fait son étude, son ouvrage et son métier, qui s'engage à un registre de durée, de toute sa foi, de toute sa force. Les plus délicieux plaisirs, si se digèrent-ils*[11] *au dedans, fuient à*[12] *laisser trace de soi, et fuient la vue non seulement du peuple, mais d'un autre.*

Combien de fois m'a cette besogne diverti de cogitations ennuyeuses! et doivent être comptées pour ennuyeuses toutes les frivoles. Nature nous a étrennés[13] *d'une large faculté à nous entretenir à part, et nous y appelle souvent pour nous apprendre que nous nous devons en partie à la société, mais en la meilleure partie à nous. Aux fins de ranger*[14] *ma fantaisie à rêver même par quelque ordre et projet*[15]*, et la garder de se perdre et extravaguer au vent, il n'est que de donner corps et mettre en registre tant de menues pensées qui se présentent à elle. J'écoute à mes rêveries parce que j'ai à les enrôler*[16]*. Quant de fois*[17]*, étant marri de quelque action que la civilité et la raison me prohibaient de reprendre à découvert, m'en suis-je ici dégorgé*[18]*, non sans dessein de publique instruction.*

(Montaigne, *Essais,* II, 18, «Du démentir», 1588.)

6. Avec tant de soin. – **7.** S'analysent. – **8.** En pensée (et non par écrit, comme le fait Montaigne). – **9.** Oralement. – **10.** Si essentiellement. – **11.** Certes, ils se digèrent. – **12.** Évitent de. – **13.** Nous a fait don. – **14.** Discipliner. – **15.** Avec ordre et suivant un plan. – **16.** Enregistrer par écrit. – **17.** Combien de fois. – **18.** Soulagé.

Idée directrice

Montaigne répond, par avance, aux objections des lecteurs et analyse le profit qu'il a tiré (et que l'on peut tirer) de la peinture du moi.

Structure du texte

Le texte développe trois variations sur le même thème : de l'utilité de se peindre.
– La peinture du moi permet à son auteur de mieux forger sa personnalité (l. 1 à 12).
– Elle aide à approfondir la connaissance de soi (l. 13 à 22).
– Elle permet enfin d'exprimer les «rêveries» et les pensées les plus intimes (l. 23 à 38).

PISTES DE LECTURE

«Se peindre» permet de mieux forger sa personnalité (l. 1 à 12)

Montaigne s'interroge sur son entreprise (1re phrase interrogative), mais cette question est déjà une réponse : le reproche supposé («ai-je perdu mon temps», l. 1-2) est compensé, en fin de phrase, par la satisfaction d'avoir pu joindre l'«utile» et l'«agréable» (l. 3).

Le premier bénéficiaire des *Essais* est Montaigne; en se racontant, il s'est construit lui-même. L'idée est exprimée par les images de la sculpture : «moulant», «figure», «patron» – c'est-à-dire modèle – (l. 3, 4, 5), et de la peinture : «peint», «couleurs», (l. 7). La maturation intérieure («je me suis peint en moi de couleurs plus nettes», (l. 7) a été aidée par l'extériorisation : «Me peignant pour autrui», «pour m'extraire» (c'est-à-dire : me tirer hors de moi-même, l. 5). Le rapprochement amusant des mots «fermi» et «formé» insiste sur le profit que Montaigne a tiré de l'expérience.

A la ligne 9, la répétition du verbe «faire» souligne le rôle formateur que le livre a eu sur son auteur. Les trois appositions : «consubstantiel», «occupation propre», «membre de ma vie», définissent précisément l'autobiographie, ouvrage dont l'auteur et le sujet se confondent. L'entreprise est originale; Montaigne le montre en opposant «occupation et fin tierce et étrangère» (l. 11-12) à «occupation propre» (l. 10); «tous autres livres» (l. 12) à «mon livre» (l. 9).

«Se peindre» aide à approfondir la connaissance de soi (l. 13 à 22)

La question des lignes 1 à 3 est à nouveau posée : «Ai-je perdu mon temps de...» (l. 13). Interrogation oratoire encore une fois : en effet, la réponse devient inutile; seule compte la justification, introduite par «Car» (l. 14).

Tout le paragraphe oppose l'étude psychologique superficielle à l'écriture intime :

- «se repassent» (l. 15) (reviennent sur eux-mêmes en pensée) s'oppose à «s'examinent» et «se pénètrent» (l. 16, 17) qui désignent une analyse plus précise et plus profonde;
- l'oral («par langue», «par fantaisie», l. 15-16) s'oppose à l'écrit («étude», «ouvrage», l. 18);
- la «durée» (l. 19) s'oppose au caractère épisodique («quelque heure», l. 16);
- enfin, «seulement» (l. 15) minimise la valeur de l'auto-analyse occasionnelle alors que trois adverbes de sens différent («si continuellement», «si curieusement», «si primement», l. 14, 16-17) cernent avec insistance les exigences de l'autobiographie.

Montaigne emploie un vocabulaire solennel, religieux : «qui s'engage», «de toute sa foi, de toute sa force» (l. 18-19); il vante aussi, à l'aide d'une sorte de maxime (l. 20 à 22), les mérites de l'écriture, qui peut seule rendre compte de ce que nous éprouvons de plus intérieur (image de la digestion, fréquente chez Montaigne), de plus secret et de plus fugitif (double emploi du verbe «fuir», l. 21).

«Se peindre» permet d'exprimer les «rêveries» et les pensées les plus intimes (l. 23 à 38)

La pensée de Montaigne procédant par additions, on retrouve ici, sous une autre forme, des idées déjà développées, en particulier (l. 29 à 34) le bénéfice de l'écriture, c'est-à-dire de la mise en forme. Les mots «ranger», «ordre», «projet», «registre» et «enrôler» s'opposent à «fantaisie», «rêver» et «rêveries», «extravaguer».

Trois idées nouvelles apparaissent cependant.

– L'analyse de soi est un remède contre l'ennui (l. 23-24). On notera la relation entre les occupations frivoles et l'ennui, énoncée comme une sentence. C'est un paradoxe original.

– L'introversion est naturelle à l'homme qui n'est donc pas seulement un animal social. Montaigne oppose l'homme privé et l'homme public. «Mon opinion est qu'il se faut prêter à autrui et ne se donner qu'à soi-même» (Livre III, 10).

– L'écriture intime est une libération. Elle autorise l'impudeur (ce que la «civilité» interdit, l. 36) et l'audace (ce que la raison prohibe). Montaigne désigne ce que nous appellerions le défoulement par le verbe «se dégorger» (l. 37) : nouvelle métaphore alimentaire (cf. l. 20). La dernière partie de la phrase apporte une véritable surprise : le plus intime d'un être peut être utile aux autres hommes; le plus privé doit servir de «publique instruction» (l. 38).

QUESTION D'ENSEMBLE

Par quelles images Montaigne désigne-t-il l'écriture autobiographique?

Le style de Montaigne est riche en images et termes concrets. Dans les textes proposés, il développe, pour désigner l'écriture des *Essais,* deux réseaux de métaphores, centrées l'une sur l'idée de ressemblance, l'autre sur celle d'intimité.

1. La ressemblance

• *Le portrait.*
Les *Essais* sont, pour une grande part, un autoportrait de leur auteur; Montaigne le souligne par l'emploi fréquent du verbe «peindre» (en particulier, dans le texte n° 1 : «c'est moi que je peins»). Dans le même domaine, le mot «couleurs» indique sous sa plume à la fois la netteté du portrait et la diversité de ses facettes. Le mot «figure» (c'est-à-dire l'image, la représentation) appartient aussi à l'art «figuratif» (texte n° 2); il désigne l'image que Montaigne donne de lui-même dans ses *Essais.*

• *Le moulage.*
Pour expliquer le rapport de l'image au modèle dans l'écriture autobiographique, Montaigne emprunte au vocabulaire de l'artisanat les mots «moule», «patron», «former» (au XVIe siècle, une «forme» est justement un «moule»), et également le mot «façon» («ma façon simple», texte n° 1) qui désigne la «mise en forme» de la matière (à rapprocher du verbe «façonner»). Tous ces termes soulignent en outre le caractère «formateur» de l'écriture intime.

2. L'intimité

L'investissement profond que suppose l'écriture autobiographique est rendu par des métaphores anatomiques (le livre «membre de ma vie») ou physiologiques (le livre «consubstantiel à son auteur») (texte n° 2). Les métaphores de l'aliment (les verbes «digérer» ou «se dégorger», texte n° 2) comparent l'acte d'écrire à une fonction organique qui s'opère au plus intime de l'être. Les lecteurs de Montaigne doivent à leur tour s'assimiler le livre, écrit pour qu'ils «nourrissent plus entière et plus vive la connaissance qu'ils ont eue de (lui)» (texte n° 1).

Dans la phrase : «je suis moi-même la matière de mon livre» (texte n° 1), le mot «matière» doit être pris dans son sens premier, c'est-à-dire «substance» et pas seulement «sujet». Cette fusion intime de l'œuvre et de son auteur, cette action réciproque de l'un sur l'autre se trouvent parfaitement résumées dans l'emploi du verbe «faire» : «Je n'ai pas plus fait mon livre que mon livre m'a fait» (texte n° 2).

3 CHAPITRE III

XVIIIe siècle : Jean-Jacques Rousseau (1712-1778)

DE LA SINCÉRITÉ

Conformément au vœu de Rousseau, *les Confessions* parurent après sa mort, en 1782. C'est donc une œuvre posthume. Son élaboration fut pourtant imposée par l'urgence d'une actualité pénible. C'est en effet pour se justifier que Jean-Jacques Rousseau entreprit ce livre, en 1765. Depuis quelque temps, l'écrivain était en butte aux attaques de ses concitoyens de Genève ainsi que des philosophes, ses anciens amis. Un écrit anonyme (sans aucun doute de la main de Voltaire) vint alors l'insulter dans sa vie privée. A ce qu'il considérait comme mensonges et calomnies, Rousseau répliqua en rédigeant son autobiographie. Ce récit avait pour but de rétablir la vérité, et l'auteur prétendait s'y peindre en toute sincérité.

Une telle entreprise de réhabilitation pose au lecteur critique un certain nombre de questions : l'auteur raconte-t-il tout? Ne cherche-t-il pas à donner de lui-même une image flatteuse? L'autobiographie ne devient-elle pas plaidoyer? Rousseau lui-même a toujours protesté de sa bonne foi, en particulier dans *les Rêveries du promeneur solitaire* où il se défend des accusations de mensonge ou d'omission : «Je n'ai jamais mieux senti mon aversion naturelle pour le mensonge qu'en écrivant mes *Confessions...*» Il précise : «Je me sentais plutôt porté à mentir dans le sens contraire en m'accusant avec trop de sévérité qu'en m'excusant avec trop d'indulgence» et ajoute : «Sentant que le bien surpassait le mal, j'avais mon intérêt à tout dire, et j'ai tout dit[1].»

En vérité, *les Confessions* montrent à l'évidence que la valeur d'une œuvre autobiographique ne se réduit pas à la sincérité de son auteur. Rousseau se trompe, oublie, ment parfois et a tendance à récrire sa vie comme on «récrit l'histoire». Mais, ce faisant, il donne à son entreprise deux caractères essentiels :

– négligeant l'exactitude des faits au profit de l'intuition, du sentiment, il trouve la vérité dans l'émotion et l'écriture subjective qui lui permettent de ressusciter le passé et de compenser à son gré les difficultés du présent;

– par ailleurs, le désir de se justifier l'oblige à rechercher et à interpréter les causes qui ont déterminé le cours de sa vie, à retrouver dans ses premières années l'explication de son caractère.

La valeur absolue de l'émotion et l'intérêt porté par Rousseau au monde de l'enfance ont plus apporté à l'écriture intime qu'une prétendue sincérité, dont pourtant l'auteur des *Confessions* s'est toujours vanté.

Texte n° 3 : Jean-Jacques Rousseau, *Les Confessions*

Ces premières lignes des *Confessions* ouvrent le récit autobiographique en le plaçant sous le double signe de l'orgueil et de la franchise.

Intus, et in cute[2]

Je forme une entreprise qui n'eut jamais d'exemple et dont l'exécution n'aura point d'imitateur. Je veux montrer à mes

1. Jean-Jacques Rousseau, *les Rêveries du promeneur solitaire*, Quatrième promenade.
2. Citation du poète latin Perse, qui signifie : «Intérieurement et sous la peau».

semblables un homme dans toute la vérité de la nature; et cet homme ce sera moi.

Moi seul. Je sens mon cœur et je connais les hommes. Je ne suis fait comme aucun de ceux que j'ai vus; j'ose croire n'être fait comme aucun de ceux qui existent. Si je ne vaux pas mieux, au moins je suis autre. Si la nature a bien ou mal fait de briser le moule dans lequel elle m'a jeté, c'est ce dont on ne peut juger qu'après m'avoir lu.

Que la trompette du jugement dernier sonne quand elle voudra, je viendrai, ce livre à la main, me présenter devant le souverain juge. Je dirai hautement : « Voilà ce que j'ai fait, ce que j'ai pensé, ce que je fus. J'ai dit le bien et le mal avec la même franchise. Je n'ai rien tu de mauvais, rien ajouté de bon, et s'il m'est arrivé d'employer quelque ornement indifférent, ce n'a jamais été que pour remplir un vide occasionné par mon défaut de mémoire; j'ai pu supposer vrai ce que je savais avoir pu l'être, jamais ce que je savais être faux. Je me suis montré tel que je fus, méprisable et vil quand je l'ai été, bon, généreux, sublime, quand je l'ai été : j'ai dévoilé mon intérieur tel que tu l'as vu toi-même. Être éternel, rassemble autour de moi l'innombrable foule de mes semblables : qu'ils écoutent mes confessions, qu'ils gémissent de mes indignités, qu'ils rougissent de mes misères. Que chacun d'eux découvre à son tour son cœur aux pieds de ton trône avec la même sincérité; et puis qu'un seul te dise, s'il l'ose : *« Je fus meilleur que cet homme-là. »*

(Jean-Jacques Rousseau,
les Confessions,
1re partie, Livre I, 1782.)

Idée directrice

Rousseau précise la singularité de son entreprise autobiographique. Il attribue à ses *Confessions* une valeur rédemptrice.

Structure du texte

- Originalité du projet (l. 1 à 5).
- Originalité de l'auteur (l. 6 à 12).
- Le Jugement dernier (l. 13 à 33) :
  - appel au Jugement de Dieu (l. 13 à 26);
  - appel au jugement des hommes (l. 26 à 33).

PISTES DE LECTURE

L'originalité du projet (l. 1 à 5)

Rousseau revendique d'emblée l'originalité de son «entreprise» en rejetant tout modèle («exemple», l. 1). Il emprunte pourtant son titre *(les Confessions)* à saint Augustin; il n'ignore pas Montaigne non plus, mais l'accuse de n'être qu'un «faux sincère». Rousseau pense également qu'il ne sera jamais imité par la postérité; la fortune de l'autobiographie lui donne tort aujourd'hui sur ce point.

Avec l'énoncé du projet autobiograhique, la volonté personnelle se trouve clairement affirmée : « Je forme», «Je veux», (l. 1-3). Le *Moi* (sujet et objet de l'entreprise) est mis en évidence en fin de phrase, par étapes successives : «un homme»; «cet homme»; «moi». Néanmoins l'intention didactique est également soulignée : «je» est en relation avec «mes semblables»; et «la vérité de la nature» (l. 4) est l'état commun à tous les hommes qui acceptent de se défaire des hypocrisies sociales.

L'originalité de l'auteur (l. 6 à 12)

Ce paragraphe est dominé par la présence du moi, repris et isolé avec insistance : «Moi seul» (l. 6) (le pronom de la première personne est répété une dizaine de fois en 7 lignes). Rousseau revendique la singularité par l'opposition avec «ceux que j'ai vus», puis avec «ceux qui existent» (l. 7, 8), et par l'image du moule brisé (un moule permettrait la copie à plusieurs exemplaires). Mais il écarte, du même coup, tout préjugé moral : «mieux», «bien» ou «mal» s'opposent à «autre». La différence est la seule valeur que reconnaisse Rousseau ; s'il y a jugement, il ne peut être porté qu'après lecture de l'œuvre.

Le Jugement dernier (l. 13 à 33)

Appel au Jugement de Dieu (l. 13 à 26).
A partir d'un glissement de sens sur le verbe «juger» (l. 11), se dessine la scène du Jugement dernier, assez traditionnelle (la «trompette», l. 13), mais assimilée à une séance de tribunal («ce livre à la main», «me présenter», «hautement», l. 14-16). Dans son plaidoyer, Rousseau s'attribue deux vertus :
– l'objectivité : «le bien et le mal», «mauvais» et «bon» (l. 17-19) se trouvent à part égale dans son livre, ainsi que les qualités et les défauts (l. 24, 25). On note toutefois que les qualités sont plus nombreuses, mises en évidence en deuxième partie de phrase, et que le dernier adjectif, «sublime», a un sens très fort.
– l'exhaustivité : *les Confessions* sont non seulement un récit de vie («ce que j'ai fait», mais aussi une analyse pyschologique («ce que j'ai pensé»), et enfin l'expression du moi profond («ce que je fus»). La gradation a son importance. Se pose néanmoins la question de l'exactitude de l'ouvrage. Rousseau prétend tout dire sans rien inventer, mais que penser de ces mots : «ornement» (l. 19), «remplir un vide» (l. 20), «supposer» (l. 22)? L'imagination aurait-elle sa part dans l'autobiographie?

Appel au jugement des hommes (l. 26 à 33). De Dieu, Rousseau s'est fait un allié (emploi de l'impératif : «rassemble autour de moi», l. 26-27). Il passe maintenant devant le tribunal des hommes, seul au milieu de tous («moi» s'oppose à «innombrable foule»). Pourtant, ce n'est pas lui l'accusé; il exhorte et admoneste, au contraire, ses semblables par cinq verbes au subjonctif (en particulier, «qu'ils écoutent»; «qu'un seul te dise», l. 28, 32). Chacun de ces verbes souligne

l'influence que Rousseau voudrait avoir sur le lecteur. Certains de ces effets sont franchement pathétiques («qu'ils rougissent», «qu'ils gémissent»); mais la plus forte leçon est celle de l'exemple : «Que chacun d'eux découvre à son tour son cœur» (l. 30, 31); (Rousseau avait lui-même «dévoilé (son) intérieur», l. 25). Le jugement moral («meilleur») ne pourra être porté qu'après comparaison («à son tour», «la même sincérité», l. 30 à 33).
La longue période oratoire aboutit à une provocation : Rousseau s'invente un adversaire imaginaire et repousse son défi. A la lâcheté présumée de son accusateur («s'il l'ose»), Rousseau oppose son propre courage. Il s'accorde ainsi l'acquittement avant même d'avoir été jugé.

Texte n° 4 : Jean-Jacques Rousseau, *les Confessions*

La deuxième partie des *Confessions* a été écrite deux ans après la première. Le début du livre VII est la transition entre ces deux parties. Rousseau passe du récit de sa «paisible jeunesse» (ses trente premières années) à celui de ses malheurs.

Ma première partie[1] a été toute écrite de mémoire et j'y ai dû faire beaucoup d'erreurs. Forcé d'écrire la seconde de mémoire aussi, j'y en ferai probablement beaucoup davantage. Les doux souvenirs de mes beaux ans passés avec autant de tranquillité que d'innocence, m'ont laissé mille impressions charmantes que j'aime sans cesse à me rappeler. On verra bientôt combien sont différents ceux du reste de ma vie. Les rappeler, c'est en

1. Il s'agit des six premiers livres des *Confessions*.

renouveler l'amertume. Loin d'aigrir celle de ma situation par ces tristes retours, je les écarte autant qu'il m'est possible, et souvent j'y réussis au point de ne les pouvoir plus retrouver au besoin. Cette facilité d'oublier les maux est une consolation que le Ciel m'a ménagée dans ceux que le sort devait un jour accumuler sur moi. Ma mémoire, qui me retrace uniquement les objets agréables, est l'heureux contrepoids de mon imagination effarouchée, qui ne me fait prévoir que de cruels avenirs.

Tous les papiers que j'avais rassemblés pour suppléer à ma mémoire et me guider dans cette entreprise, passés en d'autres mains, ne rentreront plus dans les miennes. Je n'ai qu'un guide fidèle sur lequel je puisse compter, c'est la chaîne des sentiments qui ont marqué la succession de mon être, et par eux celle des événements qui en ont été la cause ou l'effet. J'oublie aisément mes malheurs; mais je ne puis oublier mes fautes, et j'oublie encore moins mes bons sentiments. Leur souvenir m'est trop cher pour s'effacer jamais de mon cœur. Je puis faire des omissions dans les faits, des transpositions, des erreurs de dates; mais je ne puis me tromper sur ce que j'ai senti, ni sur ce que mes sentiments m'ont fait faire; et voilà de quoi principalement il s'agit. L'objet propre de mes confessions est de faire connaître exactement mon intérieur dans toutes les situations de ma vie. C'est l'histoire de mon âme que j'ai promise, et pour l'écrire fidèlement je n'ai pas besoin d'autres mémoires : il me suffit, comme j'ai fait jusqu'ici, de rentrer au-dedans de moi.

(Jean-Jacques Rousseau,
les Confessions,
2e partie, livre VII, 1789.)

Idée directrice

Parvenu dans son récit à une époque charnière de sa vie, Rousseau explique le rapport qu'il entretient avec ses propres souvenirs.

Structure du texte

– Rousseau oppose les deux périodes de sa vie et se félicite d'avoir une mémoire sélective (l. 1 à 19).
– Il avoue n'avoir qu'un seul guide dans son entreprise autobiographique : la mémoire de ses sentiments (l. 20 à 40).

PISTES DE LECTURE

Une mémoire sélective (l. 1 à 19)

La première remarque de Rousseau porte sur l'inexactitude de son récit. Étrange aveu, immédiatement justifié par un développement sur la mémoire sélective : celle-ci, explique Rousseau, ne «traite» pas de façon identique les deux époques de son existence («mes beaux ans», l. 5, et «ceux du reste de ma vie», l. 19). En effet, l'autobiographie nécessite que l'on revive son passé par le souvenir (on notera l'emploi fréquent du préfixe de répétition : «rappeler», «renouveler», «retour», «retrouver», «retrace») et se souvenir, c'est déjà choisir. La mémoire de Rousseau ne retient que «les objets agréables». L'écrivain donne à cela une raison psychologique («facilité d'oublier», l. 13-14, «l'heureux contrepoids de mon imaginaiton effarouchée», l. 17-18) qu'il attribue à une grâce du «Ciel». N'est-ce pas aussi une façon de faire passer certaines omissions volontaires pour des oublis involontaires?

Un seul guide : la mémoire des sentiments (l. 20 à 40)

L'absence de documents (les «papiers») constitue une nouvelle entorse à l'exactitude du récit. C'est l'occasion pour Rousseau d'affirmer la supériorité du sentiment sur l'objectivité. L'idée qu'il existe une «chaîne des sentiments» (l. 24) et que l'être connaît une «succession» d'états (l. 25) fait penser à Montaigne («Je ne peins pas l'être mais le passage»); toutefois, la recherche «des événements qui en ont été la cause ou

l'effet» (l. 26) rappelle que les *Confessions* sont avant tout une œuvre de justification.
Les souvenirs chez Rousseau sont subtilement hiérarchisés : les trois emplois du verbe «oublier» dans la même phrase (l. 26-28) établissent cette classification. La primauté de la mémoire affective est soulignée par l'opposition entre les données objectives (les «faits», les «dates», l. 31) et la valeur du sentiment (le «cœur», l. 30; «ce que j'ai senti», l. 32).
On peut, bien sûr, se demander encore une fois si Rousseau ne cherche pas ici à justifier certains choix flatteurs ou certains mensonges dans le récit de sa vie. Mais l'objection est écartée par deux arguments : selon la philosophie rousseauiste, le cœur ne peut pas se tromper, et, d'autre part, Rousseau n'a pas écrit, dans *les Confessions*, l'histoire de sa vie mais l'histoire de (son) «âme». La subjectivité devient donc le critère de vérité. Le témoignage (c'est le sens du mot «mémoires» au pluriel) n'est pas nécessaire; la seule vérité est celle de l'émotion. En même temps qu'une réhabilitation («faire connaître exactement mon intérieur», l. 35, 36), l'autobiographie offre à Rousseau le plaisir consolateur de l'introspection («rentrer au-dedans de moi», l. 40).

QUESTION D'ENSEMBLE N° 1
La prééminence du moi chez Rousseau

En donnant la première place à l'expression du moi, les *Confessions* marquent l'épanouissement de la notion d'individualité. Cette prééminence s'exprime de deux façons :
– l'individu est manifesté aux yeux de tous, ses droits hautement proclamés,
– le moi est l'objet d'une attention toute personnelle, une source de bonheur et de réconfort.

1. L'affirmation du moi

La primauté accordée au moi prend, chez Rousseau, les accents de l'orgueil. Les marques de la 1re personne sont omniprésentes dans les deux textes proposés («je», «moi», «moi-même», «moi seul»). Le moi réclame sans cesse justice, reconnaissance, admiration. Mais, ce que Rousseau revendique avant tout, c'est la singularité. Il s'oppose aux «autres», aux «hommes», à «la foule», c'est-à-dire à la pluralité. Ce misanthrope ne veut pas ressembler aux autres hommes; la vertu est pour lui dans la différence : «Si je ne vaux pas mieux, au moins je suis autre» (texte n° 3).

2. La valorisation du moi

Le moi est privilégié chez Rousseau parce qu'il exprime la vérité du cœur et de l'émotion. Le moi profond se manifeste dans l'effusion du sentiment qui donne libre cours au souvenir et aux moments heureux (texte n° 4).

Cette richesse accordée à la vie intérieure s'accompagne d'un repliement où Rousseau se retrouve enfin lui-même. L'introspection permet de «rentrer au-dedans» de soi (texte n° 4) et de contempler son «intérieur» (textes n° 3 et n° 4). Mais le moi devient si absorbant que Rousseau pourra bientôt écrire dans *les Rêveries du promeneur solitaire* : «Tout ce qui m'est extérieur m'est étranger désormais». A chacun des deux textes proposés, correspond une des faces de cette manisfestation du moi, associée à un champ lexical et à des modalités d'expression qui lui sont propres.

A l'expansion du moi correspondent :
- les verbes «montrer» et «se montrer, dévoiler, se présenter»;
- les impératifs («Rassemble autour de moi», «qu'un seul te dise»);
- le discours direct («voilà ce que j'ai fait»).

Cette extériorisation se trouve dans le texte n° 3.

A la contemplation du moi correspondent
- le lexique du sentiment : «souvenirs», «impressions», «consolation», «cœur»;
- les préfixes qui indiquent le retour sur soi : «rappeler», «se rappeler», «retracer»;
- le ton confidentiel («On verra bientôt combien sont différents ceux du reste de ma vie»).

C'est le texte n° 4 qui exprime ce mouvement vers l'intérieur.

QUESTION D'ENSEMBLE N° 2
Rousseau et la sincérité

Si l'on fait la part des intentions déclarées et de ce que l'œuvre traduit implicitement, on peut dégager le rapport que Rousseau entretient avec la sincérité dans son entreprise autobiographique. La sincérité est à la fois pour lui un moyen de faire taire les calomnies et une valeur à opposer aux perversions de la société.

1. La sincérité comme système de défense

Les *Confessions* sont un plaidoyer. Rousseau choisit de répondre aux mensonges de ses détracteurs par la sincérité, mais cette sincérité est ambiguë.
D'emblée, l'écrivain écarte comme secondaire la question de l'exactitude et se flatte même d'une grande «facilité d'oubli» (texte n° 4).
En revanche, il prétend avoir raconté sa vie en toute impartialité : «J'ai dit le bien et le mal avec la même franchise» (texte n° 3). Mais si l'ambition de tout dire domine son projet, le jugement qu'il porte sur lui-même n'en est pas moins marqué par la subjectivité.
En fait, dans les *Confessions*, la sincérité se confond avec la justification. L'aveu y est privilégié. Être sincère, c'est oser s'accuser. Pour Rousseau, ce courage, à lui seul, mérite l'acquittement (texte n° 3).

2. La sincérité comme vertu morale

La sincérité de Rousseau engage aussi une certaine vision de l'homme. Elle consiste avant tout à se montrer tel que l'on est : « Je me suis montré tel que je fus » (texte n° 3). Mais il y a plus : la franchise, puisqu'elle s'oppose aux hypocrisies sociales, manifeste le primat de la nature. Or, la nature ne peut mentir, elle est vraie. En laissant parler en lui le naturel, Rousseau exprime son innocence.

Cette sincérité naturelle à l'homme est celle du cœur et des sentiments. C'est elle qui s'impose dans l'autobiographie de Rousseau comme une évidence intérieure : « Je ne puis me tromper sur ce que j'ai senti (texte n° 4). L'essentiel n'est donc plus d'être exact ou même sincère, mais d'être vrai, c'est-à-dire soi-même « dans toute la vérité de la nature » (texte n° 3).

4 CHAPITRE IV

XIXe siècle : Chateaubriand (1768-1848) Stendhal (1783-1842)

LE MOI ET SON HISTOIRE

En intitulant son œuvre autobiographique *Mémoires d'outre-tombe* (1848), Chateaubriand l'inscrit dans la lignée des mémoires du XVIIe et du XVIIIe siècle, ceux du cardinal de Retz et du duc de Saint-Simon. Mais ces mémorialistes s'étaient faits les témoins de leur société et de l'Histoire. Chateaubriand, lui, s'identifie à l'Histoire. D'une part, en rappelant volontiers le rôle qu'il y a joué (dans son opposition à l'Empire, dans la diplomatie au service de la monarchie). Mais, surtout, en établissant constamment le parallèle entre sa propre existence et l'histoire de son siècle : les bouleversements, les espoirs, les désillusions et les morts de l'Histoire ont agi profondément sur sa vie et fini par se confondre avec elle.

Avec Chateaubriand, mémoires et autobiographie s'enrichissent donc mutuellement. L'Histoire et l'histoire d'une vie se confondent.

A l'inverse de Chateaubriand qui dresse sa propre statue dans ses *Mémoires,* Stendhal, dans *Vie de Henry Brulard* (écrit en 1836, publié en 1890), « griffonne » son autobiographie avec désinvolture et distance ironique. Il y pratique les joies de l'introspection et vise avant tout la lucidité dans l'analyse psychologique. Au goût de Chateaubriand pour la représentation, pour les vastes tableaux et les commentaires historiques, s'opposent chez Stendhal la concision, le refus de l'enflure. Il adopte volontiers une écriture secrète

(codes, abréviations, mots étrangers), comme s'il voulait ne pas être lu ; il couvre les marges de petits dessins rapides qui lui permettent de faire l'économie de descriptions ; il fait de fréquentes digressions qui retardent les moments importants et laisseront d'ailleurs l'œuvre inachevée.
Enfin, Stendhal ne se présente jamais comme acteur de l'époque qu'il traverse. Écrire sa vie est, pour lui, le moyen de capter l'« effet » que les choses ont eu sur lui (les scènes de l'enfance, les paysages, les femmes, les émotions esthétiques). Parfois, il ne subsiste plus que le souvenir de cet « effet », et c'est la somme de ces détails fugitifs, de ces sensations, de ces réactions, qui constitue l'œuvre autobiographique.
A une époque où le genre autobiographique atteint son plein épanouissement, les *Mémoires d'outre-tombe* et la *Vie de Henry Brulard* présentent deux conceptions presque opposées du Moi, de la place qu'on lui assigne, et des modes d'écriture qui permettent d'en rendre compte.

Texte n° 5 : **Chateaubriand,** *Mémoires d'outre-tombe*

En juillet 1817, Chateaubriand reprend la rédaction de ses *Mémoires,* interrompue pendant trois ans et demi. Dans cet intervalle, l'Empire s'est écroulé, les Bourbons sont revenus sur le trône de France. L'écrivain vit des jours mélancoliques au château de Montboissier.

Hier au soir je me promenais seul ; le ciel ressemblait à un ciel d'automne ; un vent froid soufflait par intervalles. A la percée d'un fourré, je m'arrêtai pour regarder le soleil : il s'enfonçait dans des nuages au-dessus de la tour

d'Alluye, d'où Gabrielle[1]*, habitante de cette tour, avait vu comme moi le soleil se coucher il y a deux cents ans. Que sont devenus Henri et Gabrielle? Ce que je serai devenu quand ces* Mémoires *seront publiés. Je fus tiré de mes réflexions par le gazouillement d'une grive perchée sur la plus haute branche d'un bouleau. A l'instant, ce son magique fit reparaître à mes yeux le domaine paternel; j'oubliai les catastrophes dont je venais d'être le témoin, et, transporté subitement dans le passé, je revis ces campagnes où j'entendis si souvent siffler la grive. Quand je l'écoutais alors, j'étais triste de même qu'aujourd'hui; mais cette première tristesse était celle qui naît d'un désir vague de bonheur, lorsqu'on est sans expérience; la tristesse que j'éprouve actuellement vient de la connaissance des choses appréciées et jugées. Le chant de l'oiseau dans les bois de Combourg m'entretenait d'une félicité que je croyais atteindre; le même chant dans le parc de Montboissier me rappelait des jours perdus à la poursuite de cette félicité insaisissable. Je n'ai plus rien à apprendre, j'ai marché plus vite qu'un autre, et j'ai fait le tour de la vie. Les heures fuient et m'entraînent; je n'ai pas même la certitude de pouvoir achever ces* Mémoires. *Dans combien de lieux ai-je déjà commencé à les écrire, et dans quel lieu les finirai-je? Combien de temps me promènerai-je au bord des bois? Mettons à profit le peu d'instants qui me restent; hâtons-nous de peindre ma jeunesse, tandis que j'y touche encore : le navigateur, abandonnant pour jamais un rivage enchanté, écrit son journal à la vue de la terre qui s'éloigne et qui va bientôt disparaître.*

(Chateaubriand, *Mémoires d'outre-tombe,*
1re partie, Livre III, chap. 1, 1848.)

Idée directrice

Au cours d'une promenade, entendant le chant d'une grive, Chateaubriand, alors âgé de quarante-neuf ans,

1. Gabrielle d'Estrées, maîtresse du roi Henri IV.

retrouve les souvenirs de sa jeunesse, passée au château de Combourg en Bretagne.

Structure du texte

– La rêverie romantique (l. 1 à 9).
– La mémoire involontaire, « réveillée » par le chant de la grive, permet la surimpression de deux lieux puis la confrontation de deux époques (l. 10 à 26).
– La méditation sur le temps, la vieillesse et la mort (l. 26 à 37). Elle se développe en trois temps : le constat; l'interrogation; la résolution.

PISTES DE LECTURE

La rêverie romantique (l. 1 à 9)

Toutes les conditions sont réunies pour favoriser cette rêverie : un lieu isolé (l. 1) et sans doute une ruine (la « tour »), liée au thème romantique de la fuite du temps; l'automne (l. 2), le soir et le coucher de soleil.
La référence historique (Gabrielle d'Estrées, maîtresse d'Henri IV) permet une réflexion sur la pérennité de la nature : le même soleil vu à deux cents ans d'intervalle (« il y a deux cents ans » mis en valeur en fin de phrase).
La référence historique permet aussi une réflexion sur la fragilité humaine : « Ce que je serai devenu » désigne, par périphrase, la mort.
Mais le souvenir permet de survivre dans la mémoire des hommes (familiarité de l'appellation « Henri » et « Gabrielle »). C'est ce que Chateaubriand espère pour lui-même, grâce à ses *Mémoires*. La différence des temps grammaticaux (le passé composé « que sont devenus » et le futur antérieur « ce que je serai devenu », l. 8, 9) souligne l'éloignement dans le temps, mais l'emploi du même verbe (« devenir ») associe les deux destinées.

Le choc de la mémoire involontaire (l. 10 à 26)

Le passé resurgit ici, non par la réflexion, mais sous l'effet d'une sensation : le chant de l'oiseau. L'impression de magie est renforcée par l'immédiateté du phénomène : « A l'instant », (l. 12); « subitement »,

(l. 15), et par la relation étroite entre le son et l'image qu'il déclenche. Le temps semble aboli; Chateaubriand éprouve une sorte d'envoûtement : «j'oubliai» (l. 13), «transporté» (l. 14). Les préfixes de répétition : «reparaître» (l. 12) et «revis» (l. 15) tendent à identifier deux époques pourtant distantes d'une trentaine d'années; «alors» et «aujourd'hui» sont réunis par un même sentiment : «j'étais triste», placé au milieu de la phrase. Les lignes suivantes expliquent les différences qui existent cependant entre ces deux moments. La syntaxe et le vocabulaire soulignent cette distinction : autour du point-virgule, qui a ici valeur d'opposition, les mêmes mots sont repris : «cette première tristesse» diffère de «la tristesse que j'éprouve actuellement» (l. 18 et 20); de la même façon, «une félicité que je croyais atteindre» s'oppose à «cette félicité insaisissable» (l. 23 et 25). Il s'agit du même état vécu différemment. Ce développement vise à montrer la pérennité du sentiment et le changement de l'homme. Le temps semblait aboli mais le rapprochement de deux époques de sa vie confirme à Chateaubriand qu'il a vieilli.

La méditation sur le temps (l. 26 à 37)

Le bilan désabusé que Chateaubriand fait de sa vie est empreint d'une grande noblesse lyrique : rythme ternaire (l. 26-28); personnification des heures (l. 28). Mais les interrogations qui suivent, de caractère pourtant métaphysique, sont rendues familières :
– par la référence à l'entreprise autobiographique (le démonstratif «ces Mémoires» avait déjà établi une relation avec le lecteur);
– par l'évocation très simple de la promenade à pied (on fera la différence avec les emplois figurés et métaphoriques des lignes 26 et 28 : «j'ai marché plus vite qu'un autre» et «j'ai fait le tour de la vie»). La méditation s'achève enfin sur un sursaut qu'expriment les deux impératifs : «Mettons à profit» et

« hâtons-nous » (l. 32-33). Pour échapper à la fuite du temps, il faut mêler le passé au présent ; c'est ce que permet l'écriture autobiographique (« peindre ma jeunesse », l. 34). Le journal de bord fait aussi référence à l'écriture intime ; mais l'image du navigateur et du rivage (l. 35) est surtout une allégorie de la condition humaine (l'homme n'est que de passage en ce monde). La phrase est ample ; le présent de généralisation lui donne une valeur universelle. C'est d'ailleurs le seul présent de ce texte entièrement au passé ou au futur ; c'est également la seule phrase où le pronom de la première personne soit absent.

Texte n° 6 : Chateaubriand, *Mémoires d'outre-tombe*

Chateaubriand termine ses *Mémoires* par les chapitres « Récapitulation de ma vie » et « Résumé des changements arrivés sur le globe pendant ma vie ». Les lignes qui suivent sont les dernières de l'œuvre.

Grâce à l'exorbitance de mes années, mon monument est achevé. Ce m'est un grand soulagement ; je sentais quelqu'un qui me poussait : le patron de la barque sur laquelle ma place est retenue m'avertissait qu'il ne me restait qu'un moment pour monter à bord [...]

Des orages nouveaux se formeront ; on croit pressentir des calamités qui l'emporteront sur les afflictions dont nous avons été accablés ; déjà, pour retourner au champ de bataille, on songe à rebander ses vieilles blessures. Cependant, je ne pense pas que des malheurs prochains éclatent : peuples et rois sont également recrus[1] ; des catastrophes imprévues ne fondront pas sur la France : ce qui me suivra ne sera que l'effet de la transformation générale. On tou-

1. Fatigués, épuisés.

chera sans doute à des stations pénibles ; le monde ne saurait changer de face sans qu'il y ait douleur. Mais, encore un coup, ce ne seront point des révolutions à part ; ce sera la grande révolution allant à son terme. Les scènes de demain ne me regardent plus ; elles appellent d'autres peintres : à vous, messieurs. En traçant ces derniers mots, ce 16 novembre 1841, ma fenêtre qui donne à l'ouest sur les jardins des Missions étrangères, est ouverte : il est six heures du matin ; j'aperçois la lune pâle et élargie ; elle s'abaisse sur la flèche des Invalides à peine révélée par le premier rayon doré de l'Orient : on dirait que l'ancien monde finit, et que le nouveau commence. Je vois les reflets d'une aurore dont je ne verrai pas se lever le soleil. Il ne me reste qu'à m'asseoir au bord de ma fosse ; après quoi je descendrai hardiment, le crucifix à la main, dans l'éternité.

(Chateaubriand, *Mémoires d'outre-tombe*,
4e partie, Livre VII, chap. 10, 1848.)

Idée directrice

Après avoir consacré ses *Mémoires* au rappel du passé, Chateaubriand se tourne de manière prophétique vers l'avenir, un avenir où il ne sera plus.

Structure du texte

- La fin d'une œuvre, la fin d'une vie (l. 1 à 6).
- Les prophéties du vieil écrivain (l. 7 à 21).
- Le symbole du soleil levant (l. 22 à 32).

PISTES DE LECTURE

La fin d'une œuvre, la fin d'une vie (l. 1 à 6)

Lorsqu'il met un point final à ses *Mémoires,* Chateaubriand est âgé de soixante-treize ans. L'archaïsme précieux « exorbitance » (l. 1) souligne la longévité de l'écrivain, et suggère l'importance de la tâche accomplie. Le terme « monument », (« mon monument est achevé», l. 2) renvoie aux *Mémoires*, conçues comme une architecture; mais il désigne peut-être aussi, au sens figuré, la statue que l'auteur vient d'élever à sa mémoire; monument signifie également «monument funéraire», «tombeau», et l'on retrouve l'image dans le titre : *Mémoires d'outre-tombe*. L'adieu au monde est exprimé par l'allégorie de la barque qui représente la mort et le passage dans l'au-delà. Elle est empruntée à une légende bretonne que Chateaubriand avait déjà rapportée, mais elle rappelle aussi la mythologie grecque dans laquelle les âmes doivent traverser le fleuve des Enfers dans la barque de Charon pour entrer dans le royaume des morts.

Les prophéties du vieil écrivain (l. 7 à 21)

Homme du passé, Chateaubriand croit néanmoins au mouvement de l'Histoire. L'emploi des futurs, du mot «nouveaux» (l. 7), du préfixe «re-», indique que rien ne s'arrête. Les métaphores de l'orage et des blessures, le terme «calamités» (l. 8) donnent une idée très sombre de cet avenir, mais l'analyse historique affine la prophétie; aux catastrophes passées, il oppose l'idée d'un parcours progressif, une «transformation générale» (l. 13-15) avec ses différentes «stations» (ses arrêts, ses étapes) et son «terme» (son but). La «grande révolution» dont il parle (l. 19) fait, bien sûr, référence à la fin de l'Ancien Régime mais désigne aussi le mouvement d'un astre dans le vocabulaire de l'astronomie. La même idée de succession apparaît dans l'exhortation aux «héritiers» : «à vous, messieurs» (l. 21).

Le symbole du soleil levant (l. 22 à 32)

Chateaubriand achève ses *Mémoires* par une peinture de l'aurore. Scène symbolique comme l'indique le commentaire qui en est fait : «on dirait que» (l. 27).

Chateaubriand voit dans les premières lueurs de l'aube l'image de l'Histoire qui se poursuit alors que sa propre vie s'achève. Des termes qui caractérisent l'origine et l'essor répondent aux termes de déclin : l'« Orient » (l. 27) à l'Occident (l'« ouest » l. 23), le jour à la nuit, le soleil à la lune (l. 30, 25); « révélée » et « s'abaisse » (l. 26); « le nouveau » à « l'ancien monde », « commence » à « finit » (l. 28). Mais tous ces contraires se succèdent et se fondent l'un en l'autre, à l'image du Temps. Chateaubriand, lui, va bientôt échapper au Temps, par la mort (l. 30-31) mais aussi parce qu'il va entrer dans l'intemporalité de l'« éternité » (l. 32). Certitude du chrétien (« le crucifix à la main ») mais aussi espérance de l'écrivain : par ses *Mémoires,* sa voix se fera entendre au-delà de la tombe. Le rythme décroissant de la dernière phrase de l'œuvre accompagne son voyage.

Texte n° 7 : Stendhal, *Vie de Henry Brulard*

Le récit autobiographique s'ouvre par l'évocation d'une promenade sur le mont Janicule à Rome. Stendhal date, de cette journée, la première manifestation de son envie d'écrire sa vie.

Enfin, je ne suis descendu du Janicule que lorsque la légère brume du soir est venue m'avertir que bientôt je serais saisi par le froid subit et fort désagréable et malsain qui en ce pays suit immédiatement le coucher du soleil. Je me suis hâté de rentrer au *palazzo* ***Conti*** *(piazza Minerva) ;* ***j'étais harassé. J'étais en pantalon de*** *[ ]*[1] ***blanc anglais; j'ai écrit sur la ceinture en dedans :*** *16 octobre 1832. Je vais avoir la cinquantaine,* ***ainsi abrégé pour n'être pas compris :*** *J. vaisa voirla 5.*

1. L'auteur a laissé volontairement un blanc.

Le soir, en rentrant assez ennuyé de la soirée de l'ambassadeur, je me suis dit : « Je devrais écrire ma vie, je saurai peut-être enfin, quand cela sera fini dans deux ou trois ans, ce que j'ai été, gai ou triste, homme d'esprit ou sot, homme de courage ou peureux, et enfin au total heureux ou malheureux, je pourrai faire lire ce manuscrit à Di Fiore. »

Cette idée me sourit. Oui, mais cette effroyable quantité de Je et de Moi ! Il y a de quoi donner de l'humeur au lecteur le plus bénévole. Je et Moi, ce serait, au talent près, comme M. de Chateaubriand, ce roi des égotistes[2].

De je mis avec moi tu fais la récidive[3]...

Je me dis ce vers à chaque fois que je lis une de ses pages.

On pourrait écrire, il est vrai, en se servant de la troisième personne : il fit, il dit. Oui, mais comment rendre compte des mouvements intérieurs de l'âme ? c'est là-dessus surtout que j'aimerais consulter Di Fiore.

Je ne continue que le 23 novembre 1835. La même idée d'écrire *my life* m'est venue dernièrement pendant mon voyage de Ravenne ; à vrai dire, je l'ai eue bien des fois depuis 1832, mais toujours j'ai été découragé par cette effroyable difficulté des Je et des Moi, qui fera prendre l'auteur en grippe, je ne me sens pas le talent pour la tourner. A vrai dire, je ne suis rien moins que sûr d'avoir quelque talent pour me faire lire. Je trouve quelquefois beaucoup de plaisir à écrire, voilà tout.

(Stendhal, *Vie de Henry Brulard*, chap. 1, 1890.)

2. L'« égotisme » est ici la passion de parler de soi (en latin, *ego* = je, moi). Stendhal se qualifiait lui-même d'égotiste, mais il désignait, par là, celui qui cultive en lui les sensations et les expériences et en fait une analyse minutieuse. En 1832, il avait commencé un récit autobiographique, *Souvenirs d'égotisme*, publié en 1893.

3. Stendhal transforme ici le vers de Molière : « De pas mis avec rien tu fais la récidive », *Les Femmes savantes*, Acte II, scène 6. Faire la « récidive », c'est dire deux fois la même chose, commettre un pléonasme.

Idée directrice

Stendhal rappelle les occasions au cours desquelles l'idée de se raconter lui est venue et il pose une objection à ce projet.

Structure du texte

Stendhal éprouve le sentiment du temps qui passe (l. 1 à 10).
Il mesure l'intérêt et les difficultés de l'autobiographie (l. 11 à 30).
Il reprend la même idée trois ans après (l. 31 à 40).

PISTES DE LECTURE

Le sentiment du temps qui passe (l. 1 à 10)

La scène du coucher de soleil vu du Janicule, à Rome, aurait pu donner lieu à une méditation romantique sur les ruines. Mais le ton est bien différent; Stendhal semble même vouloir éviter toute grandiloquence. Ici, point de pensée philosophique sur le déclin et la mort, mais des sensations de froid (l. 3-5) et de fatigue («j'étais harassé», l. 7). Aucune réflexion de portée générale, mais des précisions d'intérêt strictement personnel comme une adresse («piazza Minerva», l. 6-7) ou la qualité d'un tissu (l. 8). Enfin, le passage du temps n'affecte Stendhal que dans son histoire personnelle («Je vais avoir la cinquantaine», l. 9). Le langage codé et le support confidentiel qui lui est donné soulignent bien le refus de l'emphase et le goût de l'introversion.

L'intérêt et les difficultés de l'autobiographie (l. 11 à 30)

Stendhal présente sa «vocation» d'autobiographe de façon désinvolte, n'en faisant qu'un remède contre l'ennui mondain et ne se donnant comme public que l'ami «Di Fiore» (l. 17). L'emploi du simple pronom

«cela» (l. 13) pour désigner son entreprise, montre le même parti pris de légèreté. Même le rôle assigné à l'autobiographie est volontairement modeste. Stendhal ne prétend pas apprendre qui il est, mais savoir ce qu'il a été. Écrire sa vie est, pour lui, le moyen de rappeler et d'analyser des états psychologiques, intellectuels, moraux. Mais, on le devine avec la conclusion («heureux ou malheureux», l. 16), l'autobiographie participe aussi d'un projet plus vaste : la chasse au bonheur.
L'objection que Stendhal oppose lui-même à son projet semble naïve : comment éviter les pronoms de la première personne si l'on raconte soi-même sa propre vie? On peut lire là un certain dégoût du romantisme, incarné par Chateaubriand, un refus de l'épanchement au profit de l'analyse («rendre compte», l. 28). Lorsqu'il s'interroge sur la place de l'écrivain dans son récit (je? il?), on sent que Stendhal hésite sur le mode d'expression à adopter. En vérité, toute son œuvre oscille entre l'autobiographie *(Vie de Henry Brulard, Journal, Souvenirs d'égotisme)* et le roman à la troisième personne dont le héros serait une projection de lui-même *(Le Rouge et le Noir, Lucien Leuwen, La chartreuse de Parme)*, romans où, d'ailleurs, le «je» du personnage intervient constamment en monologue intérieur dans le récit du narrateur.

Trois ans après (l. 31 à 40)

La *Vie de Henry Brulard* n'est pas un récit composé, mais il juxtapose des scènes qui ont entre elles des analogies. Ici, Stendhal revient trois ans plus tard au projet autobiographique avec la même familiarité de ton («écrire *my life*», l. 32; «prendre en grippe», l. 36) et les mêmes objections. Mais il y a plus : lucidement (répétition de «à vrai dire», l. 33, 37) l'écrivain analyse son rapport à l'écriture et, avec modestie et simplicité («voilà tout», l. 40, souligne encore son refus de l'emphase), il justifie la tentation de l'autobiographie par le seul «plaisir» d'écrire. Critère absolu pour Stendhal.

QUESTION D'ENSEMBLE N° 1

Que représente l'entreprise autobiographique pour Chateaubriand et Stendhal?

On sait que Stendhal voulait s'éloigner le plus possible du modèle de Chateaubriand. En vérité, il diffère de lui beaucoup plus encore. En effet, l'attitude des deux écrivains face à l'entreprise autobiographique est presque opposée; car le contenu que chacun d'eux donne à son œuvre est différent; le rôle qu'ils lui assignent n'est pas le même non plus.

1. Une attitude différente face à l'entreprise autobiographique

Avec les *Mémoires d'outre-tombe,* Chateaubriand lègue un testament; il se fait donc un devoir moral d'achever son œuvre, son «monument» (texte n° 6). Stendhal, lui, en est encore aux velléités, au doute : «Je devrais écrire ma vie», «je saurai peut-être» (texte n° 7). On peut comparer à cet égard les interruptions qu'ils avouent faire subir à leur œuvre : les *Mémoires* de Chateaubriand sont un projet durable, bien que soumis aux déplacements incessants de son auteur («Dans combien de lieux ai-je déjà commencé à les écrire, et dans quel lieu les finirai-je?», texte n° 5).
Stendhal, lui, renonce, puis reprend le projet, difficilement comme l'indique la restriction : «Je ne continue que le 23 novembre 1835» (texte n° 7).

2. Le contenu de l'œuvre

L'autobiographie de Chateaubriand rassemble toute son époque, tout ce à quoi il a été mêlé. L'histoire de sa vie, de ses sentiments et de ses idées atteint une portée générale; elle dépasse les limites de sa seule personne, et comprend la France, l'avenir, les catastrophes nationales (textes n° 5 et n° 6).
Pour Stendhal, au contraire, raconter sa vie réclame une attention exclusive à soi-même, pour surprendre «les mouvements intérieurs de l'âme» (texte n° 7).

3. Le rôle donné à l'œuvre

Même lorsqu'ils se rejoignent dans l'attention portée au Moi, les deux écrivains ne donnent pas à l'autobiographie tout à fait le même rôle.

Chateaubriand y voit un mode d'écriture propre à rapprocher et à comparer le passé et le présent, la jeunesse et l'âge mûr. Le chant de la grive entendu à trente ans d'intervalle (texte n° 5) est le moment privilégié de cette confrontation dont l'écrivain dégagera une réflexion morale.

Quant à Stendhal, l'autobiographie lui offrirait plutôt le moyen d'analyser des états passés pour tenter d'en démêler l'ambiguïté (il saurait enfin s'il a été « homme de courage ou peureux », texte n° 7). Raconter sa vie lui permettrait d'extraire de ses états contradictoires la part de bonheur.

QUESTION D'ENSEMBLE N° 2

Quelles réflexions sur le Temps les trois textes proposés expriment-ils ?

Les trois textes ont pour objet une réflexion sur le Temps. Mais, si les deux écrivains sont sensibles l'un et l'autre à l'écoulement des heures et des ans, ils ne se situent pas de la même façon par rapport au Temps, à l'avenir, à l'Histoire.

1. La fuite du Temps

Chateaubriand et Stendhal sont sensibles au soir qui vient (textes n° 5 et n° 7). A cette heure s'associe pour eux le désir de raconter leur vie. L'âge qu'ils ont l'un et l'autre (la « cinquantaine ») n'est pas étranger à ce besoin de rappeler le passé. Il leur semble même que le temps leur est compté ; Stendhal se fixe un délai : « deux ou trois ans » (texte n° 7) ; Chateaubriand, lui, n'a même pas la certitude de pouvoir achever ses mémoires (texte n° 5). L'écriture autobiographique s'impose donc à eux comme une urgence. Mener à terme son entreprise serait pour Stendhal un apaisement («je saurai peut-être enfin...», texte n° 7); Chateaubriand, à la fin des *Mémoires d'outre-tombe* (texte n° 6), éprouve un «grand soulagement» d'avoir achevé son œuvre.

2. L'avenir

Il n'a pas pour les deux écrivains la même valeur. Chateaubriand parle à la postérité; il transmet un témoignage à la génération nouvelle et s'adresse à elle : «à vous, messieurs» (texte n° 6). Stendhal, lui, doute de pouvoir se faire lire. Il n'accorde pas à son œuvre une mission prophétique. Pour lui, l'avenir de son œuvre se limite à l'enseignement qu'il peut lui-même tirer d'elle, ou au jugement de l'ami Di Fiore (texte n° 7).

3. L'Histoire

Les deux écrivains n'ont pas la même conception de leur rôle dans l'Histoire. Stendhal date son autobiographie suivant des repères chronologiques qui ne sont que des souvenirs personnels («16 octobre 1832», «23 novembre 1835», «dernièrement pendant mon voyage de Ravenne») (texte n° 7); alors que Chateaubriand embrasse les siècles d'une seule vision. Le passé («Henri et Gabrielle», texte n° 5) lui est aussi familier que l'avenir («Des orages nouveaux se formeront», texte n° 6). Le présent (sa propre histoire individuelle) n'est pour lui que le confluent de ces deux temps, comme l'aurore (symbole du texte n° 6) est le moment de fusion entre le jour et la nuit.

CHAPITRE V

5

XXe siècle : Quelques thèmes clefs de l'autobiographie

Au XXe siècle, l'autobiographie s'enrichit des apports que les sciences humaines fournissent à la connaissance du Moi :
– *la psychanalyse :* qui répand la pratique de l'exploration de l'inconscient ;
– *l'Histoire :* qui met l'accent sur le témoignage et enquête sur le quotidien ;
– *la sociologie :* qui inscrit l'homme dans son environnement social et culturel.
Après son plein épanouissement au XIXe siècle, l'autobiographie se trouve donc renouvelée et élargie.
Pourtant, on aurait pu croire à une désaffection du genre. Dans les années 1960, en effet, la notion d'individu est fortement remise en question. Jean-Paul Sartre termine *les Mots* par l'idée que tout homme vaut n'importe qui, ce qui rompt radicalement avec l'ambition autobiographique jusque-là proclamée. Parallèlement, l'idée de « destinée humaine », très ébranlée par la philosophie de l'Absurde, finit par s'écrouler. Comment, dans ces conditions, oser parler de soi en retraçant les étapes de sa vie ?
C'est par le renouvellement des formes et des modes d'expression (récit discontinu, recours à l'analyse critique, fusion du vécu et de l'imaginaire, abandon de la chronologie) que l'autobiographie a surmonté la « crise » que connaissait aussi dans le même temps le roman psychologique. Si bien que les mémoires, les

sommes autobiographiques, achèvent souvent (et couronnent parfois) l'œuvre d'écrivains pourtant très éloignés de la psychologie classique ou des épanchements de l'introspection : Sartre lui-même avec *les Mots;* Simone de Beauvoir *(Mémoires d'une jeune fille rangée; la Force de l'âge; la Force des choses)*; Malraux *(Antimémoires)*; Marguerite Yourcenar *(Souvenirs pieux, Archives du Nord)*; Nathalie Sarraute *(Enfance)*.

LA MÉMOIRE

Toute autobiographie nécessite une remémoration et l'étude des mécanismes de la mémoire trouve souvent place dans les œuvres autobiographiques.
Bien qu'il écrive à la première personne et que son narrateur lui ressemble en tous points, Marcel Proust, dans *A la recherche du temps perdu,* a construit une œuvre qui dépasse de beaucoup les limites du genre autobiographique, par la complexité de sa composition et les thèmes esthétiques qui y sont développés. Mais nous la citons ici pour l'analyse des phénomènes de la mémoire affective, sur lesquels Proust a fondé l'architecture de son roman. Dans le dernier volume, *Le temps retrouvé,* le narrateur découvre que le Temps, comme aboli lorsqu'une sensation présente réveille une sensation passée, peut être «retrouvé» si cette résurrection fugace est convertie en création artistique. Cette idée peut s'appliquer, dans une certaine mesure, à l'entreprise autobiographique, qui fait de la mémoire le matériau de l'œuvre littéraire.

Texte n° 8 : Marcel Proust (1871-1922), *Du côté de chez Swann* [Le petit morceau de madeleine]

Le passage est extrait du début du premier tome de l'œuvre. Le narrateur, adulte, goûtant un soir d'hiver un morceau de madeleine trempé dans du thé, éprouve un plaisir délicieux dont il essaie de comprendre la cause. Il sent qu'un souvenir lointain cherche à faire surface.

Arrivera-t-il jusqu'à la surface de ma claire conscience, ce souvenir, l'instant ancien que l'attraction d'un instant identique est venue de si loin solliciter, émouvoir, soulever tout au fond de moi? Je ne sais. Maintenant je ne sens plus rien, il est arrêté, redescendu peut-être; qui sait s'il remontera jamais de sa nuit? Dix fois il me faut recommencer, me pencher vers lui. Et chaque fois la lâcheté qui nous détourne de toute tâche difficile, de toute œuvre importante, m'a conseillé de laisser cela, de boire mon thé en pensant simplement à mes ennuis d'aujourd'hui, à mes désirs de demain qui se laissent remâcher sans peine.

Et tout d'un coup le souvenir m'est apparu. Ce goût, c'était celui du petit morceau de madeleine que le dimanche matin à Combray (parce que ce jour-là je ne sortais pas avant l'heure de la messe), quand j'allais lui dire bonjour dans sa chambre, ma tante Léonie m'offrait après l'avoir trempé dans son infusion de thé ou de tilleul. La vue de la petite madeleine ne m'avait rien rappelé avant que je n'y eusse goûté; peut-être parce que, en ayant souvent aperçu depuis, sans en manger, sur les tablettes des pâtissiers, leur image avait quitté ces jours de Combray pour se lier à d'autres plus récents; peut-être parce que, de ces souvenirs abandonnés si longtemps hors de la mémoire, rien ne survivait, tout

s'était désagrégé ; les formes – et celle aussi du petit coquillage de pâtisserie, si grassement sensuel sous son plissage sévère et dévot – s'étaient abolies, ou, ensommeillées, avaient perdu la force d'expansion qui leur eût permis de rejoindre la conscience. Mais, quand d'un passé ancien rien ne subsiste, après la mort des êtres, après la destruction des choses, seules, plus frêles mais plus vivaces, plus immatérielles, plus persistantes, plus fidèles, l'odeur et la saveur restent encore longtemps, comme des âmes, à se rappeler, à attendre, à espérer, sur la ruine de tout le reste, à porter sans fléchir, sur leur gouttelette presque impalpable, l'édifice immense du souvenir.

(Marcel Proust, *Du côté de chez Swann*, 1913.)

Idée directrice

L'analogie entre deux sensations provoque l'émergence du passé dans le présent.

Structure du texte

Le processus se déroule en deux temps :
– Le pénible effort de remémoration (l. 1 à 13).
– La révélation de la mémoire involontaire et l'analyse des caprices du souvenir (l. 14 à 40).

PISTES DE LECTURE

Le pénible effort de remémoration (l. 1 à 13)

L'effort de remémoration se traduit par des questions (l. 1 à 5) et par des doutes («peut-être», «qui sait», l. 6). L'inversion du sujet («ce souvenir», l. 2), l'addition de synonymes soulignent le caractère laborieux de l'entreprise. Cette recherche est assimilée à une expérience scientifique particulièrement délicate («Dix fois il me faut recommencer», l. 7-8) : les mots «arrêté», «redescendu», «remontera» (l. 6-7) font penser à un mécanisme à mettre au point. Le phénomène d'«attraction» (l. 3) fait référence à une loi physique.

Mais en même temps cette recherche est une quête affective. La quasi-personnification du souvenir (« me pencher vers lui », l. 8), ce qu'il vient « émouvoir » (l. 4), peut faire penser que cette « attraction » est aussi une « attirance ». Le narrateur guette le souvenir comme il guette le mystère des êtres aimés. Mais, là aussi, le secret se dérobe. Le passé est occulté ; les lourdeurs d'« aujourd'hui » et de « demain » (l. 12) l'empêchent d'affleurer.

La révélation de la mémoire involontaire (l. 14 à 40)

La soudaine apparition du souvenir (« tout d'un coup », l. 14) n'est pas due à la volonté consciente ; le « je » la reçoit comme une révélation : « le souvenir m'est apparu » (l. 14). Le souvenir s'impose par sa précision : nom de lieu (Combray), nom de personne (« tante Léonie », l. 18), jour et heure (l. 16 à 18). Sa simplicité contraste avec les longues tentatives qui ont précédé. Les analyses qui viennent ensuite développent plusieurs réflexions sur :

– la mémoire des sens : « l'odeur et la saveur » (l. 36) subsistent dans le souvenir plus puissamment que les images et les formes. (« La vue de la petite madeleine ne m'avait rien rappelé avant que je n'y eusse goûté », l. 20-22) ;

– la surimpression des souvenirs : notre mémoire est capricieuse, intermittente (l. 22 à 25).

Ces analyses suivent une logique serrée : « peut-être » (l. 22, 25-26), « Mais » (l. 32). Mais elles donnent lieu surtout à une méditation lyrique sur le Temps (ampleur et ramification des phrases, rythme accumulatif, antéposition des adjectifs, l. 32 à 40). Le souvenir apparaît comme une victoire de la vie sur la mort. Les sensations « vivaces » (l. 35), « persistantes », « fidèles » (l. 36), l'emportent sur tout ce qui est « abandonné », « désagrégé » (l. 26, 28), « aboli », sur la mort, la « destruction » (l. 34), la « ruine » (l. 38).

La mémoire qui permet de ressusciter le passé donne l'idée de l'éternité et les sensations sont comparées à des âmes, comme elles «immatérielles» (l. 35), «impalpables» (l. 40).
La disproportion entre la sensation (une «gouttelette», l. 39) et ce qu'elle révèle («l'édifice immense du souvenir», l. 40) marque dans le récit le point de départ de la longue remémoration qui constituera l'architecture de *A la Recherche du temps perdu.* Mémoire et écriture sont, dès cette page, indissociablement liées.

LES LIEUX

L'écrivain, lorsqu'il se met en quête de lui-même dans son autobiographie, remonte volontiers à ses origines. Il s'y découvre des racines dans lesquelles il croit voir l'explication ou la justification de son existence ultérieure. Ces racines peuvent être une généalogie, une hérédité, ou, plus souvent, l'appartenance à une région, à un lieu. Enfance campagnarde (Marcel Pagnol), enfance citadine (André Gide), lieux haïs (Grenoble pour Stendhal), lieux aimés (les bois de Combourg pour Chateaubriand), ces enracinements que les écrivains exaltent ou désavouent deviennent le thème privilégié de leur autobiographie.
L'œuvre de Colette témoigne de l'attachement aux lieux de l'enfance, se confondant pour elle avec la figure maternelle. Toute sa vie, Colette revint par l'écriture à ce paradis perdu : avant trente ans, avec l'autobiographie romancée des *Claudine;* puis vingt ans plus tard dans *la Maison de Claudine;* enfin, à cinquante six ans, avec *Sido.*

Texte n° 9 : Colette (1873-1954), *la Maison de Claudine* [« Où sont les enfants ? »]

En 1922 (elle avait alors quarante-neuf ans), Colette raconta ses souvenirs dans *la Maison de Claudine,* suite de tableaux mettant en scène son enfance, sa fille, ses animaux, les lieux aimés. Le texte est extrait du premier récit qui ouvre le recueil. Colette y évoque ses jeux à l'ombre de la maison, qui symbolise ici la mère veillant sur ses enfants.

Grande maison grave, revêche avec sa porte à clochette d'orphelinat, son entrée cochère à gros verrou de geôle ancienne, maison qui ne souriait que d'un côté. Son revers, invisible au passant, doré par le soleil, portait manteau de glycine et de bignonier mêlés, lourds à l'armature de fer fatiguée, creusée en son milieu comme un hamac, qui ombrageait une petite terrasse dallée et le seuil du salon... Le reste vaut-il que je le peigne, à l'aide de pauvres mots? Je n'aiderai personne à contempler ce qui s'attache de splendeur, dans mon souvenir, aux cordons rouges d'une vigne d'automne que ruinait son propre poids, cramponnée, au cours de sa chute, à quelque bras de pin. Ces lilas massifs dont la fleur compacte, bleue dans l'ombre, pourpre au soleil, pourrissait tôt, étouffée par sa propre exubérance, ces lilas morts depuis longtemps ne remonteront pas grâce à moi vers la lumière, ni le terrifiant clair de lune, – argent, plomb gris, mercure, facettes d'améthystes coupantes, blessants saphirs aigus, – qui dépendait de certaine vitre bleue, dans le kiosque au fond du jardin.

Maison et jardin vivent encore, je le sais, mais qu'importe si la magie les a quittés, si le secret est perdu qui ouvrait, – lumière, odeurs, harmonie d'arbres et d'oiseaux, murmure de voix humaines

qu'a déjà suspendu la mort, – un monde dont j'ai cessé d'être digne?...

(Colette, *la Maison de Claudine,*
Éd. Gallimard, 1922.)

Idée directrice

Le passage est l'évocation poétique et nostalgique de la maison et du jardin où Colette vécut jusqu'à dix-sept ans, à Saint-Sauveur-en-Puisaye en Bourgogne.

Structure du texte

– Colette commence par vouloir décrire la maison (l. 1 à 9).
– Puis elle avoue son impuissance à rendre la beauté du souvenir (l. 9 à 22).
– Elle comprend alors que l'esprit d'enfance l'a quittée (l. 23 à 28).

PISTES DE LECTURE

Description de la maison (l. 1 à 9)

Les quatre premières lignes décrivent la maison telle que pouvaient la voir les passants. La phrase nominale [= sans verbe] renforce avec humour le ton respectueux et emphatique de la description. La maison présente un aspect rébarbatif : «orphelinat», «geôle» (l. 2-3) et la personnification : «grave», «revêche» (l. 1), accentue ce «caractère».
Mais le mystère du demi-sourire (autre personnification, en fin de phrase) fait passer le lecteur de l'autre côté, «invisible au passant». Là, au contraire, tout exprime le bien-être : le soleil et l'ombre (l. 15), la profusion (la végétation est «mêlé(e)», «lourde», l. 6), l'accueil et l'intimité (la forme protectrice du «hamac», la «petite» terrasse, le «seuil» du salon, l. 7 à 9). Par contraste avec la façade austère, Colette évoque les ornements du «revers» comme on décrit les armoiries des «maisons» nobles : «portait manteau de glycine...» (l. 5-6).

Difficulté à rendre la beauté du souvenir (l. 9 à 22)

Les points de suspension de la ligne 9 ont interrompu la description. La phrase qui suit est l'explication de ce silence. Elle pose deux questions sur les difficultés de l'écriture autobiographique : ma vie personnelle intéresse-t-elle d'autres que moi? («Le reste vaut-il que je le peigne») et comment rendre l'émotion du souvenir, («à l'aide de pauvres mots»)?

Tout le passage développe l'idée de l'échec : «Je n'aiderai personne» (l. 10); «Ces lilas [...] ne remonteront pas grâce à moi vers la lumière» (l. 14-18). Mais en même temps qu'elle reconnaît ses limites, Colette évoque néanmoins ce qu'elle prétend ne pouvoir peindre, trois aspects de son jardin, vivant dans son souvenir par leurs couleurs : la vigne, les lilas, le clair de lune. Le lexique en souligne la noblesse, le prix : «cordons rouges» (l. 12), «pourpre» (l. 15), «argent», «améthystes», «saphirs» (l. 19-20), et justifie l'emploi du mot «splendeur» (l. 11). Il est clair néanmoins que ces charmes étaient déjà marqués par le déclin et promis à la mort, comme le suggèrent les verbes «ruinait», «pourrissait» (l. 12 et 16), les mots «chute», «cramponnée», «étouffée» (l. 13, 14, 16), et l'étrange description du «terrifiant clair de lune» (l. 18, 19) qui fait songer à la sorcellerie. Toute cette description se déroule en deux longues phrases, elles-mêmes «exubérantes» : répétition du sujet, propositions relatives, appositions.

La magie de l'enfance a disparu (l. 23 à 28)

Le changement de paragraphe, le passage de l'imparfait au présent soulignent la distance qui, maintenant, sépare Colette de son enfance. La personnification («Maison et jardin vivent encore», l. 23) lui fait sentir la différence entre la simple existence et la vraie vie, celle de l'enfance à laquelle les mots «magie» et «secret» prêtent une qualité surnaturelle. Le verbe «ouvrait» (l. 25), séparé de son complément par une

série d'évocations, et donc mis en valeur, fait penser à un «Sésame» qui donnerait accès à un monde enchanté.
Ce «pays des merveilles» est un univers de sensations (vue, odorat, ouïe) où végétaux, animaux et humains vivent en «harmonie» (l. 25) et où les vivants peuvent entendre les morts. Vrai paradis terrestre, dont l'auteur se sent coupée comme l'indiquent tous les termes d'exclusion : «quittés», «perdu» (l. 24, 25), «cessé» (l. 28). Le point d'interrogation et les points de suspension entretiennent le mystère sur la chute de la phrase : «un monde dont j'ai cessé d'être digne?...» (l. 27-28). On peut penser que pour Colette ces lieux sont indissociablement liés au bonheur, à la pureté de l'enfance et qu'en être éloigné, séparé, constitue une déchéance, une faute. Le paradis est perdu quand l'enfance est révolue. Seuls le souvenir et l'écriture permettent de les retrouver.

LA MÈRE

Le personnage de la mère joue un rôle important dans les autobiographies et il est intéressant à double titre : par l'influence que la mère a pu exercer sur l'adulte qui raconte sa vie, et par les relations que l'écrivain entretient avec elle par l'écriture : fascination, rejet, oubli, «règlement de compte», idéalisation... Relation souvent si ambiguë qu'on ne s'étonnera pas que ces personnages de mères trouvent toute leur dimension dans le roman autobiographique plutôt que dans l'autobiographie. Ce recours au romanesque peut s'expliquer par la discrétion de l'écrivain mais il est dû aussi au fait que la figure maternelle met en jeu un imaginaire complexe qui s'accommode mieux d'un univers de fiction. Romain Gary qui, dans *la Promesse de l'aube,* fait de sa mère un véritable «personnage», qualifie d'ailleurs son autobiographie de récit. Il y raconte comment, toute sa vie, il chercha à tenir la promesse qu'il s'était faite : donner un sens aux sacrifices de sa mère et lui rendre justice, répondre aux ambitions qu'elle avait pour lui.

Texte n° 10 : Romain Gary (1914-1980), *La Promesse de l'aube* [«Tu seras ambassadeur!»]

La mère et son fils, émigrés russes, se sont installés provisoirement à Wilno en Pologne, en attendant de se fixer en France. Leur situation matérielle est déplorable. La mère gagne sa vie en vendant des chapeaux.

Ma mère revenait de ses périples à travers la ville enneigée, posait ses cartons à chapeaux dans un coin, s'asseyait, allumait une cigarette et me regardait avec un sourire radieux.

– Qu'est-ce qu'il y a, maman?

– Rien. Viens m'embrasser.

J'allais l'embrasser. Ses joues sentaient le froid. Elle me tenait contre elle, fixant, par-dessus mon épaule, quelque chose de lointain, avec un air émerveillé. Puis elle disait :

– Tu seras ambassadeur de France[1].

Je ne savais pas du tout ce que c'était, mais j'étais

1. L'auteur entra dans la diplomatie en 1945. Il fut consul général de France à Los Angeles de 1956 à 1968.

d'accord. Je n'avais que huit ans, mais ma décision était déjà prise : tout ce que ma mère voulait, j'allais le lui donner.

– Bien, disais-je, nonchalamment.

Aniela[2]*, assise près du poêle, me regardait avec respect. Ma mère essuyait des larmes de bonheur. Elle me serrait dans ses bras.*

– Tu auras une voiture automobile.

Elle venait de parcourir la ville à pied, par dix degrés au-dessous de zéro.

– Il faut patienter un peu, voilà tout.

Le bois craquait dans le poêle de faïence. Dehors, la neige donnait au monde une étrange épaisseur et une dimension de silence, que la clochette d'un traîneau venait souligner parfois. Aniela, la tête penchée, était en train de coudre une étiquette « Paul Poiret[3]*, Paris » sur le dernier chapeau de la journée. Le visage de ma mère était à présent heureux et apaisé, sans trace de souci. Les marques de fatigue avaient elles-mêmes disparu ; son regard errait dans un pays merveilleux et, malgré moi, je tournais la tête dans sa direction pour chercher à apercevoir cette terre de la justice rendue et des mères récompensées. Ma mère me parlait de la France comme d'autres mères parlent de Blanche-Neige et du Chat Botté et, malgré tous mes efforts, je n'ai jamais pu me débarrasser entièrement de cette image féerique d'une France de héros et de vertus exemplaires. Je suis probablement un des rares hommes au monde restés fidèles à un conte de nourrice.*

(Romain Gary, *la Promesse de l'aube,* chap. 6,
Éd. Gallimard, 1960.)

Idée directrice

L'enfant se sent investi d'une mission : répondre aux espoirs de sa mère qui a projeté sur lui tous ses rêves.

2. Gouvernante, amie de la famille, qui a, elle aussi, quitté Moscou.
3. Grand couturier parisien.

Structure du texte

Le passage comprend deux parties :

- un dialogue où la mère exprime ses rêves (l. 1 à 24);
- une évocation du monde d'illusion dans lequel vivent les personnages (l. 25 à 43).

PISTES DE LECTURE

Les rêves de la mère (l. 1 à 24)

Pour cette femme qui vit difficilement, le rêve est une trêve. La succession des verbes de la première phrase la montre se défaisant des lourdeurs de la réalité (ses périples, ses cartons à chapeaux, l. 1 à 3) pour laisser venir en elle la rêverie. Ce rêve est à la fois un ailleurs et un avenir («quelque chose de lointain», l. 10) qui est pour elle une compensation. Romain Gary le souligne par le rapprochement des lignes 21-22 : «Tu auras une voiture automobile.»; «Elle venait de parcourir la ville à pied...». Pour elle, cet avenir ne fait aucun doute; il est inévitable comme un destin; il n'y a qu'à «patienter» (l. 24). Cette confiance absolue se communique à l'enfant («Je ne savais pas du tout ce que c'était, mais j'étais d'accord», l. 13-14) et à Aniela qui croit déjà voir devant elle un ambassadeur (l. 18). La scène est rendue avec humour : la décision irrévocable : «Tu seras ambassadeur» (l. 12) tombe comme une prophétie sans aucun rapport avec la situation des personnages et sans commune mesure avec l'autre prédiction («Tu auras une voiture automobile», l. 21) qui est pourtant mise sur le même plan. Gary souligne avec tendresse les incohérences de sa mère.

Mais la tristesse se mêle à l'humour : l'emploi de l'imparfait («Ma mère... me regardait... Puis elle disait...») indique qu'une telle scène se reproduisait souvent, qu'elle était l'illusion nécessaire dont la mère se berçait quotidiennement pour survivre.

Un monde d'illusion (l. 25 à 43)

La mère réussit à créer autour de son fils un monde clos et protecteur. La chaleur du poêle, à l'intérieur (l. 25), s'oppose, à l'extérieur, au froid de la neige qui, elle-même, isole les personnages comme dans un cocon.

Ce monde à part est un monde factice : on y fabrique des chapeaux qu'on attribue faussement à Paul Poiret (l. 29-30). Mais c'est aussi un monde magique : Gary indique les transformations qui s'opèrent sur le visage de sa mère (l. 31 à 34), rajeuni et reposé comme par un enchantement. L'illusion dont se nourrissent les personnages est celle d'un monde imaginaire; la mère impose à l'enfant le rêve d'une terre promise, du pays de Cocagne, du pays des merveilles. L'émotion naît de ce que ce monde enchanté est un pays réel, la France, et que ses trésors sont des qualités morales qui devraient être communément répandues («justice rendue, mères récompensées», l. 36-37; «vertus», l. 41), alors qu'elles paraissent ici fabuleuses.

Romain Gary insiste sur la féerie dont il était bercé, un «conte de nourrice» (l. 43) comparable à Blanche-Neige ou au Chat Botté (l. 38-39). Cette comparaison souligne avec ironie le décalage avec la France réelle et «une France» légendaire, celle de son imagination d'enfant (l. 40-41). L'écrivain s'assimile ici à sa propre mère, fidèle jusqu'au bout à ses illusions. Comme elle, il croit en son rêve sans pouvoir s'en «débarrasser» (l. 40). Le verbe est amusant : on cherche plus souvent à atteindre un idéal qu'à s'en débarrasser. Le renforcement qu'apporte l'expression «malgré tous mes efforts» (l. 39) est sans doute une antiphrase : les occasions d'être déçu par son pays d'adoption n'ont pas dû manquer à cet exilé. Mais peut-être y a-t-il aussi coquetterie car Gary, pendant la guerre de 1939-1945, fut lui-même un de ces «héros» dont il s'imaginait que la France était peuplée.

Le destin accompli de l'homme mûr et le rêve de jeunesse se trouvent finalement confondus.

Jean-Paul Sartre (1905-1980)

les Mots (1964)

L'autobiographie de Sartre ne porte que sur l'enfance de son auteur, jusqu'à sa onzième année. Elle contient l'analyse critique de ce qui fut chez Sartre à l'origine de son métier d'écrivain. D'où son titre : *les Mots* et la division en deux chapitres : « Lire » et « Écrire ». Mais loin de rechercher dans l'enfance les indices d'une « vocation », l'autobiographie de l'écrivain démystifie avec une ironie féroce l'illusion qui a pourtant décidé de sa vie : croire que les mots sont les choses elles-mêmes.

L'évocation de l'enfance ne s'accompagne d'aucun attendrissement. Au contraire, Sartre dénonce les impostures, les « singeries » auxquelles il se livrait pour répondre à l'image que les adultes se font d'un enfant : comédie du génie précoce, comédie du malheur, comédie de la séduction... L'enfant devient ce que les adultes veulent qu'il soit ; il se conforme à leur projet.

Texte n° 11 : Jean-Paul Sartre, *Les Mots* [Sur les terrasses du Luxembourg]

Sartre termine la première partie de son autobiographie en montrant que l'enfant qu'il était menait deux vies, « toutes deux mensongères » : celle de la conformité au modèle familial et celle de l'identification aux modèles de ses lectures. La rencontre de l'autre va apprendre au jeune garçon une bouleversante vérité : il peut être de trop !

Il y avait une autre vérité. Sur les terrasses du Luxembourg, des enfants jouaient, je m'approchais d'eux, ils me frôlaient sans me voir, je les regardais avec des yeux de pauvre : comme ils étaient forts et rapides! comme ils étaient beaux! Devant ces héros de chair et d'os, je perdais mon intelligence prodigieuse, mon savoir universel, ma musculature athlétique, mon adresse spadassine; je m'accotais à un arbre, j'attendais. Sur un mot du chef de la bande, brutalement jeté : « Avance, Pardaillan, c'est toi qui feras le prisonnier », j'aurais abandonné mes privilèges. Même un rôle muet m'eût comblé; j'aurais accepté dans l'enthousiasme de faire un blessé sur une civière, un mort. L'occasion ne m'en fut pas donnée : j'avais rencontré mes vrais juges, mes contemporains, mes pairs, et leur indifférence me condamnait. Je n'en revenais pas de me découvrir par eux : ni merveille ni méduse, un gringalet qui n'intéressait personne. Ma mère cachait mal son indignation : cette grande et belle femme s'arrangeait fort bien de ma courte taille, elle n'y voyait rien que de naturel : les Schweitzer sont grands et les Sartre petits, je tenais de mon père, voilà tout. Elle aimait que je fusse, à huit ans, resté portatif et d'un maniement aisé : mon format réduit passait à ses yeux pour un premier âge prolongé. Mais, voyant que nul ne m'invitait à jouer, elle poussait l'amour jusqu'à deviner que je risquais de me prendre pour un nain – ce que je ne suis pas tout à fait – et d'en souffrir. Pour me sauver du désespoir elle feignait l'impatience : « Qu'est-ce que tu attends, gros benêt? Demande-leur s'ils veulent jouer avec toi. » Je secouais la tête : j'aurais accepté les besognes les plus basses, je mettais mon orgueil à ne pas les solliciter. Elle désignait des dames qui tricotaient sur des fauteuils de fer : « Veux-tu que je parle à leurs mamans? » Je la suppliais de n'en rien faire;

elle prenait ma main, nous repartions, nous allions d'arbre en arbre et de groupe en groupe, toujours implorants, toujours exclus. Au crépuscule, je retrouvais mon perchoir, les hauts lieux où soufflait l'esprit, mes songes : je me vengeais de mes déconvenues par six mots d'enfant et le massacre de cent reîtres.

(J.-P. Sartre, *les Mots,* 1re partie, «Lire», Éd. Gallimard, 1964.)

Idée directrice

Le jeune garçon, choyé par sa famille et régnant sur ses rêves, se heurte à l'indifférence des autres, premier contact avec la réalité.

Structure du texte

– L'enfant prend conscience de son néant (l. 1 à 19).
– Sa mère cherche à intercéder pour lui (l. 19 à 40).
– Il se réfugie dans son «imposture» (l. 40 à 44).

PISTES DE LECTURE

La conscience de son propre néant (l. 1 à 19)

Sartre choisit une scène exemplaire de son enfance (les jeux dans un jardin public) pour mettre en évidence les difficultés de la relation à autrui. La solitude du garçon est marquée par l'opposition entre le «je» et le nombre indéfini «des enfants» (l. 2-3); par son attitude de quête («je m'approchais d'eux», l. 2; «je les regardais avec des yeux de pauvre», l. 3-4; «j'attendais», l. 9) et l'indifférence des autres («ils me frôlaient sans me voir», l. 3). L'absence de communication est renforcée par la juxtaposition des propositions indépendantes. Bien sûr, Sartre se moque rétrospectivement de son envie : les exclamations enthousiastes (l. 4-5), l'hyperbole «héros» (l. 6), soulignent avec dérision la valeur accordée ordinairement à la force et à la beauté. Les qualités que le jeune garçon peut leur opposer (énumé-

rées avec une exagération ironique) sont purement imaginaires : «musculature athlétique», «adresse spadassine» (l. 8) (Sartre vient de raconter qu'il s'identifiait aux personnages de ses lectures), ou bien elles sont le produit de l'illusion bienveillante des adultes : «intelligence prodigieuse», «savoir universel» (l. 7). Rien de tout cela ne peut lui donner d'existence au regard des autres; il ne joue aucun «rôle» dans leur bande, dans leur vie (l. 9 à 14). Les échecs successifs de ses ambitions (faire «le prisonnier», l. 11, «un blessé», «un mort», l. 14) mènent progressivement le jeune garçon à la conscience de son néant.
Sartre passe alors du point de vue de l'enfant à l'analyse philosophique du rapport à autrui (l. 15 à 19) : d'un côté, l'être imaginaire que sa famille a fait de lui (une «merveille» au sens ancien est un prodige; le personnage de Méduse, dans la mythologie, avait le pouvoir de «méduser» ses adversaires en les changeant en pierres); de l'autre côté, autrui, dont l'indifférence l'exclut, le réduit à rien. Cette dure loi de la réalité, Sartre la compare à un tribunal : les autres enfants sont ses «juges» (l. 15), et ils le condamnent (l. 17).

L'intervention de la mère (l. 19 à 40)

Malgré son «indignation» (l. 20), la mère du garçon n'est atteinte que superficiellement par cette réalité. Ses réactions la montrent dépendant encore d'illusions :
– illusion des idées préconçues («je tenais de mon père, voilà tout», l. 23);
– rêve d'un temps immobile : son fils reste un bébé, sa chose à elle, comme le soulignent ironiquement les mots «portatif», «maniement aisé», «format» (l. 24-25);
– scénario de l'amour maternel : la mère joue à son fils une comédie subtile faite de psychologie («deviner que je risquais de me prendre pour un nain», l. 28-29), de ruse («elle feignait l'impatience», l. 30-31) et d'habile stratégie («Veux-tu que je parle à leurs mamans?» l. 36-37).

Cette comédie tourne ensuite au mélodrame. Sartre s'amuse rétrospectivement du couple pitoyable qu'il formait avec sa mère. L'exagération «implorants» (l. 40), le rythme ample et lent de la phrase (l. 37 à 40) donnent un ton parodique à la scène.

Le refuge dans l'imposture (l. 40 à 44)

Pour fuir le néant où l'a ravalé l'indifférence des autres enfants, le jeune Sartre trouve refuge dans un univers de fiction. Il fuit la réalité : le «crépuscule» (l. 40) favorise les «songes» (l. 42). Il s'isole du monde : le «perchoir» (l. 41) est l'appartement protecteur du sixième étage. Il se distingue des «barbares» : «les hauts lieux où soufflait l'esprit» (l. 41-42) est une référence à *la Colline inspirée* de Maurice Barrès.
Enfin, l'enfant se replonge dans son imposture qui consiste à répondre complaisamment à l'image qu'on attend de lui (les «mots d'enfant», l. 43) et à compenser par un imaginaire où il triomphe les échecs que lui inflige le réel (l. 43).

LES ORIGINES

L'œuvre de Marguerite Yourcenar offre un bon exemple des métamorphoses de l'autobiographie au XXe siècle.
En 1951, paraissait *Mémoires d'Hadrien*. Ce livre se présentait comme l'autobiographie de l'empereur romain Hadrien. L'auteur fondait un genre nouveau où la biographie et l'autobiographie fictive rejoignaient l'autobiographie personnelle. En effet, aussi éloignée qu'elle soit de cet empereur du IIe siècle, Marguerite Yourcenar parlait d'elle à travers lui.
En 1974, sous le titre *le Labyrinthe du monde,* elle entreprend son autobiographie. Mais, chose étrange, elle ne raconte pas sa vie (au moins dans les deux premiers volumes) ! Elle raconte l'histoire de sa famille,

celle de ses ancêtres les plus éloignés, celle de sa région d'origine : la Flandre et le Nord.
Ces autobiographies déguisées sont d'un grand intérêt. Elles rompent avec la tradition égocentrique de l'introspection et s'enrichissent des grandes interrogations de cette fin du XXe siècle : la recherche des origines et l'Histoire.

Texte n° 12 : Marguerite Yourcenar (1903-1987)
Archives du Nord
[«La nuit des temps»]

Après *Souvenirs pieux* où elle avait parlé de ses ascendants maternels, Marguerite Yourcenar évoque dans *Archives du Nord* la famille de son père. Dans son premier livre, partant de ses propres souvenirs, elle avait remonté la lignée de ses ancêtres. Ici, elle se propose de suivre «la démarche contraire».

Je voudrais suivre ici la démarche contraire, partir directement de lointains inexplorés pour arriver enfin, diminuant d'autant la largeur du champ de vue, mais précisant, cernant davantage les personnalités humaines, jusqu'au Lille du XIXe siècle, jusqu'au ménage correct et assez désuni d'un grand bourgeois et d'une solide bourgeoise du Second Empire, enfin, jusqu'à cet homme perpétuellement en rupture de ban que fut mon père, jusqu'à une petite fille apprenant à vivre entre 1903 et 1912 sur une colline de la Flandre française. Si le temps et l'énergie m'en sont donnés, peut-être continuerai-je jusqu'en 1914, jusqu'en 1939, jusqu'au moment où la plume me tombera des mains. On verra bien.

Cette famille, ou plutôt ces familles, dont l'enchevêtrement constitue ma lignée paternelle, je vais donc essayer de prendre avec elles mes distances, de les remettre à leur place, qui est petite, dans l'immensité

du temps. Ces personnes qui ne sont plus, ces poussières humaines, dépassons-les pour atteindre l'époque où il n'était pas encore question d'elles. Et faisons de même avec les décors : laissons derrière nous cette place de la Gare, cette citadelle de Lille ou ce beffroi de Bailleul, cette rue « d'aspect aristocratique », ce château et ce parc tels qu'on les voit sur de vieilles cartes postales représentant les sites ou les curiosités de la région. Décollons, pour ainsi dire, de ce coin du département du Nord qui fut précédemment une parcelle des Pays-Bas espagnols, puis, en remontant plus haut, un lopin du duché de Bourgogne, du comté de Flandre, du royaume de Neustrie et de la Gaule Belgique. Survolons-le à une époque où il était encore sans habitants et sans nom.

Idée directrice

L'écrivain énonce la méthode qu'elle veut suivre : prendre du recul pour situer plus justement ses souvenirs personnels dans l'immensité du Temps.

Structure du texte

Le premier paragraphe (l. 1 à 15) est marqué par un mouvement descendant. L'auteur part des origines pour en arriver à sa propre personne.
Le second (l. 16 à 34), à l'inverse, suit un mouvement ascendant, et marque le début du récit. L'auteur s'éloigne dans un passé de plus en plus lointain.

PISTES DE LECTURE

Le mouvement descendant (l. 1 à 15)

L'image du mouvement est introduite par les mots «suivre», «démarche» (l. 1) mais surtout par le couple de verbes : «partir» et «arriver» (l. 2-3). L'auteur entreprend un parcours, que rythment les quatre répétitions de la préposition «jusqu'à». Plus insistante encore est la reprise surprenante de «enfin» (l. 3 et 8).

Cette avancée conduit l'esprit du passé le plus ancien au passé récent, et le mène aussi du plus vague au plus précis. Pour que l'idée soit rendue plus sensible, le temps est évoqué en termes d'espace : «lointains inexplorés»; avancer vers le présent équivaut à réduire l'espace. L'objet exploré devient peu à peu plus net : on part d'un pluriel encore anonyme («les personnalités humaines», l. 5) pour arriver à un lieu (Lille) et un temps précis (le XIXe siècle). Puis ces données vont elles-mêmes se réduire à une classe sociale (la bourgeoisie) et à un couple (le mot «ménage», l. 6, d'emploi vieilli, situe les personnages dans la bourgeoisie du siècle dernier). Le XIXe siècle est, à son tour, restreint à une époque limitée : le Second Empire.

Le pluriel cède ensuite la place au singulier : le «père», (l. 10), dont la personnalité est nettement individualisée (être «en rupture de ban», l. 9, signifie refuser les conventions sociales); les déterminants : «cet» homme (l. 8-9), «mon» père (l. 10) ont une valeur affective que l'on peut opposer aux articles indéfinis employés auparavant.

Suivant l'ordre décroissant des générations, Marguerite Yourcenar en vient enfin à elle-même. Pour la première fois, des dates sont données : 1903 à 1912 (l. 11). Ce sont les neuf premières années de la vie de l'auteur, mais l'imprécision du lieu où elle vécut («une colline de la Flandre française», l. 11-12) et l'indéfini dont elle se désigne elle-même («une petite fille», l. 10) montrent qu'elle se considère comme le chaînon anonyme d'une lignée. Son histoire personnelle lui paraît secondaire. L'auteur se contente d'allusions : les deux dates qu'elle cite (1914, 1939, les deux guerres mondiales) ont une importance historique, bien au-delà de sa propre personne.

Le mouvement ascendant

L'écrivain remonte maintenant ce que l'on peut appeler son arbre généalogique, selon l'image donnée par le mot «enchevêtrement» (l. 16-17).

Le mouvement par palier, menant l'esprit du plus

proche au plus lointain, est mis en évidence par une succession de verbes dont chacun forme le noyau d'une phrase nouvelle : «dépassons-les» (l. 21), «laissons derrière nous» (l. 23-24), «décollons» (l. 28), «survolons-le» (l. 33). L'emploi de l'impératif invite le lecteur à participer à cet essor de l'imagination.

• Le recul que prend dans un premier temps l'auteur par rapport à sa famille représente aussi un éloignement moral : les expression «prendre [...] mes distances» (l. 18), «remettre à leur place» (l. 19), prises au sens figuré, traduisent un certain mépris; les mots «poussières humaines» (l. 21) accentuent ce sentiment. Les personnes sont peu de chose dans l'immensité du Temps.

• Le second palier du mouvement ascendant met à distance les constructions humaines. L'auteur s'éloigne de tout ce qui évoque la société moderne : «cette place de la Gare» (l. 24) et ce qu'on voit sur «de vieilles cartes postales» (l. 27) (le chemin de fer, la photographie sont des inventions du XIXe siècle); mais aussi des monuments plus anciens : la «citadelle de Lille» bâtie par Vauban au XVIIe siècle, le «beffroi».

• Le dernier mouvement de l'ascension est une «vue d'avion» («décollons», l. 28; «survolons», l. 33) qui réduit à des proportions infimes le pays qui vit naître l'auteur : un «coin» (l. 29); «une parcelle» (l. 30); «un lopin» (l. 31). En même temps, ce survol fait défiler à l'envers l'histoire de ce pays. En une phrase, toutes les étapes de son évolution géopolitique se déroulent à rebours, des plus récentes aux plus antiques : le «département» (l. 29) est une division administrative qui ne date que de 1790; les Pays-Bas étaient espagnols au XVIe siècle (l. 30); la Gaule Belgique (l. 33) existait à l'époque de César. On a ici l'impression que l'écrivain veut libérer cette terre de toute influence humaine («sans habitants»; «sans nom», l. 34) pour la découvrir dans sa pureté originelle. Elle atteint ainsi le terme de son parcours qui sera le point de départ de son récit : les «lointains inexplorés» (l. 2-3).

Enfance, (1983)
Dans le récit de sa propre vie, l'écrivain va être amené à s'interroger sur l'acte d'écrire. Parfois cette réflexion, associée au récit de l'enfance, consiste à rechercher, le plus loin possible dans ses souvenirs, les prémices de ce goût pour l'écriture, quitte à s'en amuser, ou à refuser plus radicalement l'idée d'une prédestination artistique. Le récit de la vie d'un écrivain, par ailleurs, fait souvent une part importante à la genèse des œuvres, permettant de suivre, dans le temps, leur ébauche et leur élaboration.
Mais l'autobiographie est surtout le lieu d'une réflexion sur l'écriture autobiographique elle-même. L'écrivain s'interroge sur les raisons qu'il a de se raconter, sur les modalités d'écriture à adopter, sur les difficultés et les limites de l'entreprise. Le «récit de vie» se prête à cette réflexion parce qu'il met en jeu certaines composantes essentielles de l'écriture : le choix du locuteur, le traitement du temps, le rapport du sujet à lui-même, la vérité de la représentation.

Texte n° 13 : Nathalie Sarraute (née en 1902), *Enfance* [«Évoquer tes souvenirs d'enfance»...]

La question de l'autobiographie s'est posée très vivement à Nathalie Sarraute qui en vint à raconter son enfance alors que toute son œuvre semblait l'écarter de la traditionnelle tentation d'«évoquer ses souvenirs». En effet, Nathalie Sarraute est un écrivain novateur, certains diront d'avant-garde, et elle abordait là un genre classique, goûté du grand public. Mais surtout, le récit d'un destin accompli, d'un passé révolu, semblait tout à fait étranger à cet écrivain qui s'est toujours penché sur ce qui va advenir, sur la réalité encore inconnue, sur «le bouillonnement confus où nos actes et nos pensées s'élaborent».

Alors, tu vas vraiment faire ça? «Évoquer tes souvenirs d'enfance»... Comme ces mots te gênent, tu ne les aimes pas. Mais reconnais que ce sont les seuls mots qui conviennent. Tu veux «évoquer tes souvenirs»... il n'y a pas à tortiller, c'est bien ça.

– Oui, je n'y peux rien, ça me tente, je ne sais pas pourquoi...

– C'est peut-être... est-ce que ce ne serait pas... on ne s'en rend parfois pas compte... c'est peut-être que tes forces déclinent...

– Non, je ne crois pas... du moins je ne le sens pas...

– Et pourtant ce que tu veux faire... «évoquer tes souvenirs»... est-ce que ce ne serait pas...

– Oh, je t'en prie...

– Si, il faut se le demander : est-ce que ce ne serait pas prendre ta retraite? te ranger? quitter ton élément, où jusqu'ici, tant bien que mal...

– Oui, comme tu dis, tant bien que mal...

– Peut-être, mais c'est le seul où tu aies jamais pu vivre... celui...

– Oh, à quoi bon? je le connais.

– Est-ce vrai? Tu n'as vraiment pas oublié comment c'était là-bas? comme là-bas tout fluctue, se transforme, s'échappe... tu avances à tâtons, toujours cherchant, te tendant... vers quoi? qu'est-ce que c'est? ça ne ressemble à rien... personne n'en parle... ça se dérobe, tu l'agripppes comme tu peux, tu le pousses... où? n'importe où, pourvu que ça trouve un milieu propice où ça se développe, où ça parvienne peut-être à vivre... Tiens, rien que d'y penser...

– Oui, ça te rend grandiloquent. Je dirai même outrecuidant. Je me demande si ce n'est pas toujours cette même crainte... Souviens-toi comme elle revient chaque fois que quelque chose d'encore informe se propose... Ce qui nous est resté des anciennes tentatives nous paraît toujours avoir l'avantage sur ce qui tremblote quelque part dans les limbes...

– Mais justement, ce que je crains, cette fois, c'est que ça ne tremble pas... pas assez... que ce soit fixé une fois pour toutes, du «tout cuit», donné d'avance...

– Rassure-toi pour ce qui est d'être donné... c'est encore tout vacillant, aucun mot écrit, aucune parole ne l'ont encore touché, il me semble que ça palpite faiblement... hors des mots... comme toujours... des petits bouts de quelque chose d'encore vivant... je voudrais, avant qu'ils disparaissent... laisse-moi...

(Nathalie Sarraute, *Enfance*,
Éd. Gallimard, 1983.)

Idée directrice

L'écrivain hésite à raconter ses souvenirs. Toutes sortes de raisons s'opposent à ce choix. Mais l'envie, la curiosité, la nécessité intérieure l'emporteront.

PISTES DE LECTURE

On pourra étudier ce texte suivant deux axes qui feront ressortir les incertitudes de l'écrivain. On voit en effet, d'une part, que le choix autobiographique résulte d'un débat difficile et, d'autre part, qu'il nécessite une écriture particulière.

Un débat difficile

Un dialogue

Il donne forme au débat. Deux partis s'opposent; un interlocuteur s'étonne que l'auteur veuille évoquer ses souvenirs. Qui est-il? Un ami? Un lecteur? Sans doute, Nathalie Sarraute dialoguant avec elle-même.

Cet échange se fait de façon assez abrupte : «Alors» (l. 1), «Oh, je t'en prie...» (l. 15), «laisse-moi...» (l. 48). Mais les points de vue s'équilibrent équitablement; le «double» de l'auteur interroge : «est-ce que ce ne serait pas...?» (l. 16), «Est-ce vrai?» (l. 23); il s'inquiète : «Mais justement, ce que je crains, cette fois» (l. 39). L'auteur calme ses craintes : «Souviens-toi» (l. 34), «Rassure-toi» (l. 43), mais écarte les arguments gênants : «Oh, je t'en prie...» (l. 15), «Oh, à quoi bon?» (l. 22). Cette discussion montre l'écrivain aux prises avec tout ce qui, en elle, s'oppose au projet autobiographique.

Les résistances

Le premier mot du passage («Alors») indique que ce livre est le résultat d'une délibération et que l'auteur a eu bien des raisons de «tortiller» avant de l'écrire, comme il est dit familièrement (l. 6).

• La première objection est la banalité du projet. Elle est soulignée par l'emploi du démonstratif «ça» qui prend ici une valeur péjorative («tu vas vraiment faire ça?», (l. 1). L'expression «évoquer tes souvenirs d'enfance» (l. 1-2) fait de l'entreprise un banal lieu commun; les guillements signalent le cliché.

• La seconde objection est plus difficile à formuler, comme l'indiquent les nombreuses hésitations des lignes 9 à 11 : «C'est peut-être ... est-ce que ce ne serait pas...» Ici, l'écrivain prend conscience que l'autobiographie sonne souvent l'heure du bilan (on l'écrit en général quand on est âgé); ce serait «prendre (sa) retraite» (l. 16-17); elle fait elle-même allusion avec humour à ses «forces (qui) déclinent» (l. 11) comme si raconter son enfance était un signe de sénilité!

• La troisième objection est d'ordre littéraire : l'autobiographie représente un tournant dans l'œuvre de Nathalie Sarraute. Au moment de l'aborder, elle hésite. Son «double» lui rappelle son univers d'écrivain, désigné par l'adverbe de lieu «là-bas» («Tu n'as vraiment pas oublié comment c'était là-bas?» l. 23-24).

Il lui oppose la nouveauté désignée par la locution adverbiale de temps «cette fois» («Mais justement, ce que je crains, cette fois», l. 39).

La tentation autobiographique

Face à ces objections, les raisons qui finalement l'emporteront ne sont pas clairement définies : «je ne sais pas pourquoi» (l. 7-8), «il me semble que...» (l. 45). Elles relèvent de l'intuition, de l'hypothèse : «Je me demande si...» (l. 33); l'écrivain en est encore aux velléités : «je voudrais» (l. 47-48).
Mais, dès le début, quelque chose d'informulable domine les réticences : «je n'y peux rien, ça me tente» (l. 7). A la fin du passage, les objections sont définitivement écartées par l'impératif «laisse-moi...» (l. 48).

Une écriture particulière

Un récit différent des «anciennes tentatives»

Nathalie Sarraute n'aborde pas sans crainte le récit de son enfance; son style ne lui semble pas convenir pour évoquer le passé. Dans les lignes 23 à 31, elle définit elle-même son écriture qui cherche à saisir les états psychiques avant même qu'ils ne prennent forme. Elle la caractérise par des termes qui évoquent une naissance, un devenir : «tu le pousses...» (l. 28-29), «pourvu que ça trouve un milieu propice où ça se développe, où ça parvienne peut-être à vivre...» (l. 29-31).
Or le passé n'est pas ce qui va advenir; c'est, au contraire, ce qui est révolu. L'écrivain l'oppose à son inspiration habituelle par les mots : «fixé une fois pour toutes», «du tout cuit», «donné d'avance» (l. 41-42). Évoquer ses souvenirs serait pour elle quitter son «milieu propice» (l. 30) pour un autre «élément» («est-ce que ce ne serait pas [...] quitter ton élément», l. 16-18). Les deux mots avec leur connotation biologique suggèrent que ce changement entraînerait un dépérissement. Pourtant, au cours du débat qui l'oppose à elle-même, l'écrivain comprend que le souvenir n'est pas un phénomène étranger à son inspiration.

Une écriture accordée à son sujet

Si le passé est, par définition, ce qui a déjà eu lieu, le souvenir, lui, n'est pas «donné d'avance». Au contraire, il est «quelque chose d'encore informe (qui) se propose» (l. 35-36). L'écrivain le compare à la vie qui lutte contre la mort : «c'est encore tout vacillant» (l. 44), «ça palpite» (l. 45), ce sont «des petits bouts de quelque chose d'encore vivant» (l. 46-47).

Comme d'autres états psychiques sur lesquels s'est penchée Nathalie Sarraute, le souvenir est quelque chose qui monte des profondeurs, qui appelle à l'existence. Ce qu'elle a cherché dans tous ses livres précédents s'applique tout aussi bien aux fluctuations de la mémoire : «ça se dérobe, tu l'apprippes comme tu peux» (l. 28). La recherche du souvenir, «ce qui tremblote quelque part dans les limbes» (l. 37-38), convient très justement à la syntaxe de l'écrivain faite d'hésitations, soulignées par les très nombreux points de suspension, de fréquentes interruptions, de tâtonnements, indiqués par les répétitions («C'est peut-être... est-ce que ce ne serait pas...» l. 9), «ça» (l. 27 à 31). Enfin, Nathalie Sarraute, qui s'intéresse à saisir les actes et les pensées à l'état naissant, trouve dans ses souvenirs personnels un terrain inexploré : «aucun mot écrit, aucune parole ne l'ont encore touché» (l. 44).

QUESTION D'ENSEMBLE N° 1
Quel regard les écrivains portent-ils sur leur enfance?

Textes de référence : texte n° 9 (Colette, *la Maison de Claudine*); texte n° 10 (Gary, *la Promesse de l'aube*); texte n° 11 (Sartre, *les Mots*).

Les trois textes sont des souvenirs d'enfance. Or le phénomène du souvenir permet la fusion du passé et du présent. On devra se demander dans quelle mesure l'«aujourd'hui» de l'écrivain influence le récit de l'enfance. Par ailleurs, les trois écrivains évoquent un passé éloigné; une quarantaine d'années les sépare de leur enfance. Comment ce décalage s'inscrit-il dans la représentation des faits? Les écrivains en viennent-ils à recréer leur enfance?

1. Le rapport entre le passé et le présent

Les trois textes sont écrits au passé mais pour deux d'entre eux, la référence au présent est explicite : Colette (texte n° 9) fait alterner description et commentaire («le reste vaut-il que je le peigne...»; «Je n'aiderai personne, je le sais...»). Elle intervient directement par un «je», distinct de celui de son enfance, le «je» de l'écrivain. Dans le texte de Romain Gary (texte n° 10) les deux dernières phrases situent l'enfant dans sa relation avec l'adulte qu'il est devenu : «Je suis probablement un des rares hommes au monde restés fidèles à un conte de nourrice.»
Cette mise en perspective du passé et du présent répond chez les deux écrivains à des intentions opposées : pour Gary, elle souligne sa fidélité à l'enfance; il y a continuité. Chez Colette, l'emploi du présent creuse l'écart avec le passé : le secret de l'enfance est perdu. Il est bien évident que le point de vue de l'adulte sur celui qu'il a été se lit dans tout récit de l'enfance, même si, comme chez Sartre (texte n° 11), il ne se traduit pas par le recours au présent.

2. La représentation de l'enfance

Le point de vue des trois écrivains diffère sensiblement et marque leur évocation d'une tonalité particulière. Chez Colette, le regard admiratif se traduit par le respect sacré dont elle entoure le lieu de son enfance. Le passé se pare à ses yeux de «la splendeur du souvenir», de «magie». Sartre et Gary sont plus ironiques. Sartre se désigne par un mot péjoratif : un «gringalet», et dénonce lucidement les mensonges dont il se bernait lui-même. Gary s'amuse avec tendresse des rêves de sa mère et de sa propre naïveté : «Je n'avais que huit ans, mais ma décision était déjà prise.»

Dans les trois récits d'enfance, l'écrivain établit une distance : distance respectueuse pour Colette (l'enfance est un paradis); distance critique pour Sartre (*Les Mots* sont l'analyse d'une névrose); regard rétrospectif chez Gary (ce qui lui a été prédit dans son enfance est advenu, et le récit établit une complicité avec le lecteur).

3. Un regard créateur

Nous manquons de points de comparaison pour dire si ces récits sont fidèles à la réalité. Mais toute autobiographie implique que l'écrivain, revisitant son passé, le recrée en même temps. Dans les trois textes, l'imaginaire des écrivains a trié les souvenirs et les a façonnés. La maison chez Colette devient symbole du bonheur et de l'enfance; à elle seule elle renferme un «monde». Les récits de Sartre et de Gary présentent une scène exemplaire, condensé de situations similaires, d'expériences sans doute plus dispersées. Le regard porté sur l'enfance tend à reconstruire la réalité.

QUESTION D'ENSEMBLE N° 2
Quelles raisons les écrivains ont-ils d'écrire leur autobiographie?

Textes de référence : tous les textes, sauf textes n° 8, 9, 10 et 11.

Dans tous les textes retenus, l'écrivain analyse les raisons qu'il a de pratiquer le genre autobiographique. Trois motivations principales se distinguent : retenir le temps; se connaître et laisser de soi-même un portrait ressemblant; cerner et ordonner l'insaisissable.

1. Le temps retrouvé

Marguerite Yourcenar poursuit cette quête jusqu'à son point extrême, en recherchant «jusqu'à la nuit des temps» les origines qui composent sa propre biographie. De façon générale l'autobiographie apparaît comme un combat contre le temps et l'espoir d'une victoire stimule les écrivains dans leur entreprise. A l'exhortation de Chateaubriand : «Hâtons-nous de peindre ma jeunesse...» (texte n° 5) répondent les velléités de Nathalie Sarraute : «je voudrais, avant qu'ils disparaissent...» (texte n° 12); l'ambition est la même : remonter le temps, fixer le souvenir, rendre présent le passé.

On doit y ajouter aussi le désir de rester soi-même présent par son œuvre au-delà de la mort, de sorte que «m'ayant perdu», comme l'écrit Montaigne (texte n° 1), les lecteurs puissent me retrouver.

Pour certains écrivains, l'autobiographie est un «passeport» non seulement pour la postérité mais pour l'éternité. Rousseau se présente avec son livre devant le Souverain Juge (texte n° 3); à Chateaubriand, une fois son «monument» achevé, il ne reste plus qu'à descendre dans l'éternité (texte n° 6).

2. Mieux se connaître et se faire connaître

Le goût de l'introspection entre pour une grande part dans la pratique de l'autobiographie, que l'on charge aussi d'apporter une réponse à la quête de soi-même. «Je devrais écrire ma vie, je saurai peut-être enfin [...] ce que j'ai été» (Stendhal, texte n° 7). L'écrivain compte même sur le rôle formateur de l'écriture intime : Montaigne avoue que ses *Essais* l'ont affermi et formé lui-même (texte n° 2).

L'autobiographe est également guidé par l'espoir de laisser de lui, dans l'autoportrait ou les confessions, une image plus exacte que celle de la réalité. Les lecteurs de Montaigne pourront nourrir «plus entière et plus vive la connaissance qu'ils ont eue de (lui)» (texte n° 1). Le dessein de Rousseau est du même ordre : «faire connaître exactement mon intérieur» (texte n° 4), «montrer à mes semblables un homme dans toute la vérité de la nature» (texte n° 3).

3. Donner forme à l'« informe »

L'écriture autobiographique répond au désir de saisir, de cerner ce qui se laisse le moins facilement contenir.

- *Le souvenir*

On remarque chez les autobiographes la volonté de réveiller ce qui existe confusément en eux : le souvenir qui peut faire reparaître en un instant le passé (Chateaubriand, texte n° 5 ; Proust éprouve le même état, texte n° 8). Il se propose souvent comme « quelque chose d'encore informe », « vacillant », « des petits bouts de quelque chose d'encore vivant » (Nathalie Sarraute, texte n° 12), à quoi l'autobiographie peut donner une existence, une forme.

A cet égard, l'analyse du phénomène de la mémoire dans le texte de Proust (texte n° 8) est capitale; on retiendra toutes les métaphores : les profondeurs, la nuit, et, au contraire, la surface, le jour, lorsque le souvenir a pu être capté.

- *Les changements du Moi, ses multiples facettes*

Rousseau suit, dans ses *Confessions,* « la chaîne des sentiments qui ont marqué la succession de (son) être » (texte n° 4). Le récit de sa vie, pour Stendhal, doit l'aider à savoir s'il a été « gai ou triste, homme d'esprit ou sot, homme de courage ou peureux, et enfin au total heureux ou malheureux » (texte n° 5). L'autobiographie permet de mettre en évidence ses propres contradictions, de voir clair. Le projet de Montaigne est aussi de « donner corps », de « mettre en registre » tout ce qui lui échappe (texte n° 2).

Imprimé en France, par l'Imprimerie Hérissey - 27000 Évreux
Dépôt légal : 17358 - septembre 2002 - N° d'impression : 93093